C·H·Beck
PAPERBACK

Stephan Lehnstaedt

Der vergessene Sieg

Der Polnisch-Sowjetische Krieg 1919–21
und die Entstehung des modernen Osteuropa

C.H.Beck

Mit 11 Abbildungen und 2 Karten (Peter Palm, Berlin)

5. Auflage 2022

www.chbeck.de
Umschlaggestaltung: Kunst oder Reklame, München
Umschlagabbildung: Józef Piłsudski während des
Polnisch-Sowjetischen Krieges, 1920
© SZ Photo/Scherl
Satz: C.H.Beck.Media.Solutions, Nördlingen
Druck und Bindung: Druckerei C.H.Beck, Nördlingen
Gedruckt auf säurefreiem, alterungsbeständigem Papier
(hergestellt aus chlorfrei gebleichtem Zellstoff)
Printed in Germany

ISBN 978 3 406 74022 0

myclimate

klimaneutral produziert
www.chbeck.de/nachhaltig

Inhalt

«Der ganze Krieg basiert auf Ideen, Vorstellungen und Fiktionen, nicht auf realer Prosa, denn für letztere würde niemand töten.»[1]

Stanisław Rostworowski, 1919

«Angst und Schrecken unter der Bevölkerung. Vor allem – unsere gehen, gleichgültig, und plündern, wo sie nur können, reißen den Ermordeten die Sachen vom Leib. Der Hass ist einhellig, die Kosaken sind genauso, die Grausamkeit ist dieselbe, verschiedene Armeen, was für ein Unsinn.»[2]

Isaak Babel, 1920

Prolog

Am Anfang steht ein weltgeschichtlicher Zusammenbruch. Am Ende zwei Wiedergeburten. Aber der Reihe nach, von einem Ende zum anderen.

Die Februarrevolution 1917 setzte einen Schlusspunkt unter die jahrhundertelange Herrschaft der russischen Zaren. Nikolaus II. dankte am 2. März ab, danach amtierte eine provisorische Regierung. Sie konnte sich nur kurz halten, denn schon ein halbes Jahr später nahm die Oktoberrevolution ihren Lauf und brachte die Bolschewiki an die Macht – weil Deutschland im April den Berufsrevolutionär Wladimir Iljitsch Lenin aus seinem Schweizer Exil nach St. Petersburg geschickt hatte, um den Ersten Weltkrieg im Osten zu entscheiden.[1] Einen anderen Berufsrevolutionär aus Russland, den Polen Józef Piłsudski, steckten die Mittelmächte im Juli 1917 in Magdeburg in Festungshaft: Weil Russland implodiert war, hatte die Zusammenarbeit mit Polen deutlich an Bedeutung verloren.

In jenem Sommer 1917 lagen ihre größten Tage noch vor Lenin und Piłsudski. Für Lenin kamen sie bereits im Oktober, Piłsudski musste ein Jahr länger warten, denn erst das Kriegsende und die Niederlage der Mittelmächte brachten im November 1918 die Wiedergeburt Polens und ihm eine triumphale Rückkehr nach Warschau. Völlig unklar war zu diesem Zeitpunkt allerdings, wie der Staat aussehen sollte, dessen Oberhaupt er nun war, denn mit allen Nachbarn gab es Konflikte um die Grenzen. In Moskau stellte sich die Situation für die «Roten» nicht viel anders dar: Konterrevolutionäre «weiße» Einheiten bedrängten sie aus allen Himmelsrichtungen. Und selbst wenn es gelingen sollte, diese Angriffe zu überleben, stellte sich immer noch die Frage nach dem Verhältnis zu denjenigen neuen Ländern, die auf bisher zarischem Gebiet wie Pilze aus dem Boden schossen – alleine sieben davon im Westen: Finnland, Estland, Lettland, Litauen, Belarus, die Ukraine und Polen.

Unter ihnen erwies sich Polen sehr schnell als der dominante Akteur. Eine von erfahrenen Offizieren organisierte Armee und ein Staatswesen, das unmittelbar aus den von den Mittelmächten vor 1918 errichteten Strukturen hervorging, erlaubten eine außenpolitische Handlungsfähigkeit, die weit über bloße Diplomatie hinausging. In der politischen Debatte setzte sich Józef Piłsudski gegen seine Rivalen durch: Polen sollte als Land zwischen Ostsee und Schwarzem Meer wiederentstehen und an die glorreiche Geschichte dieser Rzeczpospolita des 17. Jahrhunderts anknüpfen. In der Frühen Neuzeit war sie der größte Staat Europas gewesen, bis sie Preußen, Russland und Österreich in drei Etappen 1772, 1793 und 1795 unter sich aufteilten. Von dieser alten Herrlichkeit längst vergangener Zeiten schwärmte Piłsudski, er träumte von Wilna und Lemberg, ja sogar von Minsk und Kiew – und würde diese Städte binnen weniger Monate tatsächlich erobern.

Noch 1918 traten Polen, die Bolschewiki, Litauen und die Ukraine gegeneinander an. Hier kämpften keine Besiegten,[2] sondern Gewinner gegeneinander. Der Untergang der Monarchien der Habsburger, Romanows und Hohenzollern ermöglichte erst ihre Nationen und ihre politischen Projekte. Aber deshalb fand der Erste Weltkrieg im Osten sein Ende nicht im November 1918, sondern setzte sich bis 1921 fort.

Die Banner, unter denen gekämpft wurde, waren neu. Die Soldaten blieben die alten. Abgesehen von einigen enthusiastischen Freiwilligen waren es ausgezehrte Männer, völlig unzureichend ausgerüstet und müde von vier Jahren Krieg, erschöpft wie die Länder und ihre Menschen. Aber endlich ging es um die eigene Sache, nicht mehr um den Konflikt überlebter Imperien, die die Region viel zu lange beherrscht hatten. In dieser Hinsicht war 1918 eine Zäsur – und stellte abermals einen Unterschied zum Westen dar, wo die Waffen schwiegen und die Staaten weiter existierten.

Das Jahr 1919 sah das Ende der ukrainischen Staatlichkeit, sah polnische Truppen in Minsk, Wilna und Lemberg, aber zunächst nur Geplänkel mit sowjetischen Einheiten. 1920 brachte einen Bewegungskrieg an einer über tausend Kilometer langen Front. Die Polen nahmen Kiew – und trugen so dazu bei, dass viele «Weiße» nun die Reihen mit den Bolschewiki schlossen, um das Vaterland zu verteidigen. Daraufhin ging die Rote Armee zum Gegenangriff über, trieb die Polen in nur acht Wochen 500 Kilometer nach Westen. Es waren die letzten glorreichen Tage der Kavallerie und zugleich die ersten Vorboten des modernen Bewegungskriegs mit Panzern und Flugzeugen. Der Fall Warschaus schien sicher, ein Weitertragen des Bolschewismus bis nach Deutschland auf einmal gar nicht mehr unvorstellbar. Aber der entscheidende Schlag misslang, Piłsudski glückte mit knapper Not ein Sieg, der als «Wunder an der Weichsel» in die Geschichte eingehen sollte. Der sowjetische Traum von der Weltrevolution war ausgeträumt, Lenin musste die Doktrin vom «Kommunismus im eigenen Land» entwickeln.

Und dann ein Friedensschluss im neutralen Riga. Kein Sieg für Polen, viel weniger Landgewinn als erhofft, aber auch keine Niederlage. Die neue Republik war nicht kommunistisch geworden. Doch sie stand alleine gegen die 1922 gegründete Sowjetunion: Eine Ukraine gab es nicht mehr, Belarus war sowjetisch, Litauen verfeindet. Der ukrainische Fall war besonders tragisch, denn unter Symon Petljura existierte dort eine große antibolschewistische Bewegung. Polen hatte mit ihr paktiert, aber aus letztlich ganz eigennützigen Gründen. Als der Friede kam, ließ Piłsudski seinen Verbündeten fallen. Die Ukraine war zwischen West und Ost zerrieben worden. Selbst Litauen, traditionell einer von zwei Teilen der Rzeczpospolita, war Polen entfremdet, denn der Nachbar hatte seine Hauptstadt Wilna erobert. Der siegreiche Hegemon fand sich außenpolitisch isoliert.

In Moskau saßen die Bolschewiki nach dem Rigaer Vertrag fest im Sattel eines neuen russischen Reiches und sannen auf Rache, insbesondere jener Heerführer, der für den Fehlschlag vor Warschau verantwortlich gemacht wurde: Josef Stalin. Der eigentliche Oberbefehlshaber, Michail Tuchatschewski, konnte deshalb trotz seines Misserfolgs als strahlender Held nach Moskau zurückkehren. Im «Großen Terror» ließ Stalin ihn 1937 als einen der Ersten beseitigen.

Die Friedensordnung stellte in jeder Hinsicht eine gigantische Hypothek dar. Halb Osteuropa war zum Schlachtfeld eines Krieges geworden, der ebenso sehr ins 18. wie ins 20. Jahrhundert gehörte. Hunderttausende toter Soldaten und Zivilisten waren zu beklagen, riesige Landstriche verwüstet, und wieder einmal sah man in den Juden – wie schon seit Ewigkeiten – die Ursache allen Übels. Der Antisemitismus war allerdings um eine weitere, entscheidende Komponente bereichert worden: Juden galten nun außerdem noch als Volksverräter und Anhänger des Kommunismus. Das erleichterte den Deutschen später nicht unwesentlich den Holocaust, weil auch andere Nationen ihre Nachbarn als Feinde betrachteten.

Der brüchige Friede in Osteuropa sollte gerade 18 Jahre halten. Und es war Deutschland, das ihn beendete. Zwar bewunderten die Nationalsozialisten Piłsudski für seinen Sieg über den

Bolschewismus und für seine innenpolitische Durchsetzungskraft. Doch als Polen nicht als Juniorpartner gegen die Sowjetunion zur Verfügung stehen wollte, trat der Hass wieder offen zutage. Deutschland griff am 1. September 1939 an, und am 17. September drang auch die Rote Armee nach Polen vor. Der Zweite Weltkrieg übertraf die Schrecken des Polnisch-Sowjetischen Krieges um ein Vielfaches. Dessen Nachwirkung blieb indes unübersehbar. Im Pakt mit Hitler sicherte Stalin sich den Teil Polens, den die Sowjets in Riga 1921 hatten abtreten müssen. Und 1945 in Jalta wich er nicht von dieser sogenannten Curzon-Linie ab. Er argumentierte gegenüber Churchill, dass sie auf einem alliierten Vorschlag von 1920 beruhe und Sowjetrussland damals in seiner schwächsten Stunde nur notgedrungen auf Gebiete verzichtet habe. Die Kresy, jene ethnisch so heterogenen und stets umkämpften Regionen zwischen Polen und Russland, wechselten damit einmal mehr die Herrschaft.

Bis heute wirft der Polnisch-Sowjetische Krieg seine Schatten. Moskau und Warschau streiten über die Behandlung der damals gefangen genommenen Soldaten; Polen diskutiert mit Litauen, Belarus und der Ukraine über nationale Minderheiten und historische Denkmäler; Polen sind uneins darüber, ob Piłsudskis Vorgehen gegen Sowjetrussland nicht den eigentlichen Feind – Deutschland – gestärkt und somit indirekt zur Niederlage 1939 beigetragen habe. Zugleich feiert man ihn als Vater des modernen Polens und als Retter ganz Europas vor dem Bolschewismus, sieht das «Wunder an der Weichsel» als Verteidigung der christlich-abendländischen Zivilisation und als einen weiteren ignorierten polnischen Opfergang für den Westen.

Und so ist das Geschehen der Jahre nach dem Ersten Weltkrieg nach wie vor aktuell, vielleicht sogar aktueller denn je. Nicht zuletzt lässt sich der heutige Konflikt in der und um die Ukraine mit gewisser Berechtigung als eine Fortsetzung oder Neuauflage der Kämpfe jener Zeit sehen: Schon damals gab es ein zwischen West und Ost gespaltenes Land, das seine jeweiligen Verbündeten zum Schlachtfeld machten und so letztendlich den Untergang von dessen Eigenstaatlichkeit herbeiführten. Ob das erneut geschehen wird, ist schwer zu sagen. Dieses Buch jedenfalls handelt nicht von der Zukunft, sondern von der Vergangenheit. Es erzählt von einem hierzulande vergessenen Sieg, ohne den sich Geschichte und Gegenwart Ostmitteleuropas nicht verstehen lässt.

Anders als in der deutschen Geschichtsschreibung so häufig, steht dabei nicht Russland im Zentrum. Die Aufmerksamkeit gilt zuvorderst Polen und der Ukraine, und erst in zweiter Linie den weiteren Konfliktparteien des Polnisch-Sowjetischen Krieges. Entscheidend dafür ist, dass dieser Konflikt für Russland nur ein Kapitel des weit größeren Bürgerkriegs war – und nicht unbedingt das wichtigste. Die Wahrnehmung der anderen Beteiligten hätte nicht unterschiedlicher sein können – und ist es bis heute: Für sie ging es um Sein oder Nichtsein, um die Existenz als lebensfähiger Staat oder bloß als Minderheit in einem anderen Land. Die Auseinandersetzungen der Jahre 1919/20 sind deshalb Teil der polnischen und ukrainischen nationalen Identität.

1. Osteuropa am Ende des Ersten Weltkriegs

Das eigene Vaterland war den meisten Osteuropäern ausgangs des 19. Jahrhunderts eine geliebte Idee – aber keine, mit der sie auf einen eigenen Nationalstaat hoffen konnten. Zu fest saßen die Kaiser in Wien, St. Petersburg und Berlin auf ihren Thronen. Doch nur wenige Jahre später brachte der Erste Weltkrieg das Ende der Dynastien, brachte Revolutionen und Republiken, und er brachte neue Staaten im östlichen Europa. Er brachte aber auch unvorstellbare Zerstörungen und Leid über die Menschen zwischen Ostsee und Schwarzem Meer. Im künftigen Polen hatten die Bauern 1918 – und noch immer war Landwirtschaft die alles dominierende Erwerbsquelle – die Hälfte ihres Viehbestands verloren, und im gleichen Maße hatten sich ihre Ernten reduziert. Die Industrie beschäftigte in der einst florierenden Region um die Städte Warschau und Lodz nur mehr 15 Prozent der Arbeiter im Vergleich zu 1914. Zwei Drittel aller Bahnhöfe und die Hälfte der Brücken des Landes existierten nicht mehr. Und schlimmer noch: Zählte man alle Kriegstoten, Deportierten und Geflüchteten zusammen, hatte sich die Einwohnerzahl des Landes um etwa vier Millionen verringert, auf nunmehr 26 Millionen.[1]

Im Baltikum, der Ukraine und weiten Teilen des westlichen Russlands sah es kaum anders aus. Nach wie vor prägte der Kampf ums tägliche Überleben den Alltag von Millionen – und die Schlachten und Kriege nach 1918 trugen nicht dazu bei, diese Situation schnell zu ändern. Noch bis Mitte der 1920er Jahre stellten insbesondere die Wintermonate für viele Menschen eine enorme Herausforderung dar. Die zivilisatorischen Errungenschaften des 20. Jahrhunderts blieben weitere lange Jahre auf die Städte beschränkt, während man auf dem Land wie in vormodernen Zeiten lebte, ohne befestigte Straßen, Eisenbahn, Telefon und Strom und mit wenig mehr als der allerrudimentärsten medizinischen Versorgung. Glücklich durfte sich schätzen, wer in einem gemauerten Haus lebte und ein Pferd als Fortbewegungsmittel sein Eigen nannte.

Das Straßenbild bestimmten Hunderttausende von heimgekehrten Soldaten in ihren Uniformen, auf der Suche nach Angehörigen, nach Arbeit oder einfach nur etwas zu essen. Doch auch sonst blieben die Spuren des Weltkriegs sichtbar. Da war das, was fehlte, was vernichtet worden war. Und da war das, was hinzugetreten war. Der sowjetische Schriftsteller Isaak Babel berichtete bei seinem Marsch nach Polen mit der Roten Armee im Juli 1920 davon: «Immer häufiger trifft man auf die Schützengräben des alten Kriegs, überall Stacheldraht, er würde noch 10 Jahre für Weidenzäune reichen, zerstörte Dörfer, überall wird aufgebaut, aber nur schlecht, es gibt nichts, kein Baumaterial, keinen Zement.»[2]

Für die neuen Regierungen stellten diese Gegebenheiten ebenso enorme Herausforderungen dar wie für die Bürger. Es ließ sich kaum von einer echten Kontrolle über das Land sprechen, weil Kommunikationsmittel und Personal fehlten. Und wo die implodierten Kaiserreiche ihre Beamten zwar abzogen, hinterließen sie doch Verwaltungstraditionen, die wenig miteinander kompatibel waren. Alleine in Polen waren Anfang 1919 sechs verschiedene Währungen im Umlauf, allesamt von untergegangenen Reichen.

All das hinderte Politiker verschiedener Ethnien im Herbst und Winter 1918 nicht daran, endlich die ersehnten Staaten zu proklamieren. Einige von ihnen blieben kurzlebig, weil ihnen weder eine nennenswerte territoriale Ausdehnung noch der Aufbau einer schlagkräftigen Armee gelang. Auf internationalem Parkett war zudem die Anerkennung insbesondere der Westmächte von Vorteil, weil sie diplomatischen Druck ausüben oder sogar Waffen liefern konnten. In der Region selbst war gegenseitige Akzeptanz zwar von noch höherer praktischer Bedeutung, aber angesichts sich oft überschneidender territorialer Forderungen weit schwieriger zu erlangen. Als letzter Faktor für das politische Überleben trat die Unterstützung des Volks hinzu, das in vielerlei ethnische und soziale Gruppen gespalten war, die sich nicht selten ablehnend oder sogar offen feindlich gegenüberstanden. In Ungarn beispielsweise baute die kurzlebige Räterepublik auf das Industrieproletariat, während sich der ukrainische Hetman-Staat vorwiegend auf Großgrundbesitzer stützte. Diese jeweils vergleichsweise schmale Basis war ein entscheidender Grund für den schnellen Niedergang beider Regime.

Andere Länder waren erfolgreicher darin, unterschiedliche Interessen zu vereinen und so eine gewisse Ausgeglichenheit und vor allem Stabilität zu erreichen. Dennoch sind die bis heute gepflegten Narrative von Wiedergeburt und Wiedererlangung der Unabhängigkeit kaum die Erfolgsgeschichten großer Staatenlenker, als die sie propagiert werden. Ganz im Gegenteil waren sie in einem hohen Maße von der Kriegsmüdigkeit und dem Desinteresse gerade der Landbevölkerung an Grenzziehungen und ethnischer Politik geprägt.[3]

Als ersten Schritt zur Stabilität mussten sich die neuen, selbsternannten Regierungen durch Wahlen legitimieren lassen. In Polen geschah das bereits im Januar 1919, aber nur in den polnisch dominierten Kernregionen der neuen Republik, die sich noch auf der Suche nach ihren Außengrenzen befand. Immerhin wurden später zu den anfänglich dreihundert Abgeordneten des Sejm aus den dann eroberten Gebieten weitere hundert nachgewählt. Von einem Linksruck wie in Russland konnte indes keine Rede sein, das Land zeigte sich konservativ und nationalbewusst – und dementsprechend marginalisiert waren die Kommunisten, die zudem zu einem Wahlboykott aufgerufen hatten.

In schneller Folge verabschiedete der Sejm zuerst die «Kleine Verfassung» und fällte am 20. Februar 1919 den Beschluss, Józef Piłsudski im Amt des Staatsoberhauptes zu lassen. Damit verfügte er über eine beispiellose Machtstellung weit jenseits der des Premierministers, weil er neben der Exekutive auch noch das Militär befehligte. Immerhin gab das Parlament seine gesetzgeberischen Kompetenzen nicht aus der Hand, so dass demokratische Formen gewahrt blieben.[4]

Zu diesem Zeitpunkt war Polen bereits in mehrere militärische Auseinandersetzungen involviert und hatte erste Erfolge erzielen können. Tatsächlich war es schon vor der Unabhängigkeitserklärung zu Konflikten gekommen, weil ukrainische Politiker in Lemberg am 31. Oktober 1918 die Westukrainische Volksrepublik proklamiert hatten. Anders als der Name suggeriert, handelte es sich dabei nicht um einen kommunistischen Staat, sondern um ein recht bürgerliches Unterfangen, das sich als Teil der bereits Ende 1917 in Kiew entstandenen Ukrainischen Volksrepublik sah, aber seinen formalen Beitritt erst später erklärte. Die historischen Ursachen für diese doppelte Staatlichkeit liegen wiederum im zeitlichen Verlauf des Zusammenbruchs der Kaiserreiche, denn während die Mittelmächte die Zentralukraine nach der Russischen Revolution 1917 besetzten und dort eine mehr oder weniger von ihnen abhängige Regierung duldeten,[5] kam für das habsburgische Kronland Galizien mit seiner Hauptstadt Lemberg eine Selbständigkeit nicht in Frage.

Lemberg wiederum war eine mehrheitlich polnische Stadt mit

einem überwiegend ukrainischen Umland. Die schwelenden Nationalitätenkonflikte hatten Österreich-Ungarn vor große Herausforderungen gestellt, aber mit dem Untergang der Monarchie verschwand auch der mühsam ausgehandelte innenpolitische Frieden. Die polnische Bevölkerung in Lwów musste deshalb überrascht feststellen, plötzlich in L'viv zu leben – und war damit gar nicht einverstanden. Ab dem 1. November 1918 kam es daher zu Kämpfen zwischen anfangs etwa 750 polnischen Aufständischen und rund 3000 westukrainischen Soldaten, die kaum in der Lage waren, eine Stadt mit über 200 000 Einwohnern unter Kontrolle zu halten. Und während Letztere weitgehend von Nachschub abgeschnitten waren, verdoppelte sich die Zahl der aufständischen Polen in den nächsten zwei Wochen und wuchs auf annähernd 5000 bis zum 20. November. Auf beiden Seiten war man weit entfernt von den waffenstarrenden Truppen des Weltkriegs – so standen auf polnischer Seite etwa 1000 Jugendliche –, aber das machte die Kämpfe nicht weniger blutig.[6]

Die Ukrainer mussten ihre Niederlage am 22. November eingestehen und sich aus Lemberg zurückziehen. Polen triumphierte dort vergleichsweise mühelos, anders als in Wilna, einer weiteren großen multiethnischen Stadt in Ostmitteleuropa, die auch Belarus und vor allem Litauen für sich beanspruchten. Das Weißrussische Nationalkonzil hatte bereits im März 1918 erklärt, Wilna als Teil des eigenen Landes zu sehen. Doch die von den Deutschen tolerierte Unabhängigkeitsbewegung erwies sich als kurzlebig und wenig durchsetzungsfähig – aus ihrer Hauptstadt Minsk mussten die Politiker im Dezember 1918 vor der Roten Armee fliehen. Sie schlugen daraufhin den Litauern eine Föderation vor, an der Letztere nicht interessiert waren. Die Taryba als nationales litauisches Parlament hatte, ebenfalls unter deutscher Herrschaft, am 11. Dezember 1917 die Unabhängigkeit erklärt und Loyalität gegenüber den Mittelmächten bekundet. Bei Kriegsende sah sich das Land starkem Druck durch vorrückende sowjetische Einheiten ausgesetzt, konnte sich aber weder mit Belarus noch mit Polen auf ein Verteidigungsbündnis einigen, eben weil alle Wilna für sich beanspruchten – als Vilnius, Wilnjus oder Wilno.[7]

Ähnlich wie in Lemberg lebte auch dort eine polnische Mehrheit inmitten ländlicher Gebiete mit vielfach litauischer und weißrussischer Bevölkerung. Aber der Zensus von 1916 sprach deutlicher zugunsten der polnischen Argumente als in Galizien. In der Stadt mit ihren 140000 Einwohnern dominierten die Polen mit 50 Prozent, gefolgt von 43 Prozent Juden, und auch auf dem Land stellten sie oft zumindest eine relative Mehrheit. Diese Polen in Litauen hatten schon im November 1918 einen Zusammenschluss mit der Rzeczpospolita gefordert.[8] In Warschau argumentierten Statistiker außerdem, dass «katholische Weißrussen» nichts anderes als vom Zarenregime diffamierte Polen seien.[9] Und so begründeten die Zahlen einen territorialen Anspruch, der mindestens ebenso schwer wog wie emotionale Bindungen: War nicht der Nationaldichter Adam Mickiewicz ebenso aus Wilno wie der Vater der polnischen Oper, Stanisław Moniuszko? Und stammte nicht Piłsudski selbst aus der Gegend?

Zugleich sahen die litauischen Politiker in Vilnius ihre angestammte Hauptstadt und deren Einwohner lediglich als polnisch sprechende Litauer.[10] In Zeiten der alten Rzeczpospolita des 17. Jahrhunderts war beides kein Widerspruch gewesen, denn es handelte sich um eine Union aus einem polnischen und einem litauischen Landesteil. Aber im nationalistischen 20. Jahrhundert war dergleichen nicht mehr denkbar. Und da außerdem Kommunisten an die Macht gekommen waren und auf baldige Verstärkung durch die Rote Armee hofften, griffen einige wenige polnische Soldaten unter den Generälen Władysław Wejtko und Adam Mokrzecki am Neujahrstag 1919 zu den Waffen. Doch trotz Unterstützung durch eine Bürgerwehr konnten sie die Eroberung Wilnas durch sowjetische Einheiten fünf Tage später nicht verhindern.[11]

Es war der Auftakt zum Polnisch-Sowjetischen Krieg, der allerdings nie offiziell erklärt wurde. Die Diplomatie verhinderte ihn auch nicht, denn es existierten schlicht keine formalen Beziehungen. Die Bolschewiki hatten Aleksander Lednicki, den Warschauer Gesandten, in Moskau ins Gefängnis geworfen, weil sie die polnische Regierung nicht anerkannten. Umgekehrt hatte man in Warschau die sowjetische Mission um den polnischen Kommunisten Bronisław Wesołowski zunächst arretiert und ausgewiesen, aber ihn und zwei weitere seiner drei Mitarbeiter am 2. Januar 1919 kurz vor der Demarkationslinie erschossen.[12]

Unterdessen waren die polnischen Verteidiger von Wilna ohne Unterstützung aus dem Mutterland nicht in der Lage, sich zu behaupten. Zwischen den späteren Kriegsgegnern standen zu diesem Zeitpunkt noch deutsche Truppen, deren Rückzug bis Februar 1919 dauerte. Zwar wollten diese Männer nach der Niederlage möglichst schnell nach Hause, aber in Berlin legte man viel Wert auf einen geordneten Rückzug. Dafür mussten Eisenbahnverbindungen für den Abtransport über Ostpreußen gesichert werden – viele Hunderttausend Landser aus Russland und der Ukraine fuhren über Białystok und Grajewo Richtung Westen. Fast eine halbe Million kampferprobte und gut ausgerüstete deutsche Soldaten im ehemaligen Besatzungsgebiet «Ober Ost» deckten ihre Heimreise. Sie standen dort durchaus mit Zustimmung der Warschauer Regierung, denn diese konnte so eine kurze Atempause für die Ausrüstung und Ausbildung ihres eigenen Militärs nutzen, ohne bereits in Kämpfe mit den Sowjets verwickelt zu sein, die keinen Angriff auf die in jeder Hinsicht überlegenen Deutschen wagten. Außerdem hatte deren General Max Hoffmann mit den Polen bereits vereinbart, die Stellungen an sie zu übergeben und einiges schwere Gerät zurückzulassen.[13]

Während sich die früheren Besatzer offiziell neutral verhielten, tobten im nördlichen Baltikum blutige Auseinandersetzungen. «Weiße» russische Truppen um General Nikolaj Judenitsch mit 60 000 Mann versuchten vergeblich, auf St. Petersburg vorzustoßen. Sie bekämpften neben der Roten Armee außerdem die 24 000 sogenannten Lettischen Schützen, die mit den Bolschewiki sympathisierten. Verwickelt in diesen Bürgerkrieg waren neben den estnischen Streitkräften mit über 70 000 und den litauischen mit nur rund 10 000 Soldaten auch baltendeutsche Einheiten sowie Abspaltungen des deutschen Heeres mit etwa 30 000 Mann, die sogenannten Freikorps. Erst im Frühjahr und Sommer 1920, nach dem Abschluss von Friedensverträgen der drei neuen Staaten mit Moskau, sollte die Region zur Ruhe kommen.[14]

Die polnische Armee bestand bei Kriegsende 1918 aus etwa 30 000 Soldaten der Polnischen Legionen, die bis dato in den Reihen der Mittelmächte gedient hatten. Dank vieler Freiwilliger und dem Anschluss zahlreicher paramilitärischer Verbände war die Zahl im Januar 1919 bereits auf 110 500 gewachsen.[15] Damit kommandierte Piłsudski das größte Heer in Osteuropa jenseits Russlands – und weitere Verstärkungen zeichneten sich ab. Die Keimzelle bildeten die Offiziere aus der aufgelösten deutschen Armee, nicht wenige kamen aber auch aus den Korps von Österreich-Ungarn, Russland und der Entente. Zweifellos brachten sie viel Erfahrung und eine gründliche Ausbildung mit, aber die unterschiedlichen Militärdoktrinen sorgten zugleich für verschiedenartige Herangehensweisen, Disziplinvorstellungen und Kommunikationsmethoden. Im Frühjahr 1919 traf außerdem eine französische Militärmission mit rund 1500 Mann ein, die beratend tätig wurde und wichtige Schulungsaufgaben übernahm; eine Folge davon war die Übernahme des Pariser Offiziershandbuchs.[16]

Dieser Armee konnten Ukrainer und Litauer bereits Ende 1918 keinen ernsthaften Widerstand entgegensetzen. Das galt in noch größerem Maße für die Weißrussen, aber deren Staatsbildungs- und Militarisierungsprozesse kamen über ein allererstes Stadium sowieso nicht hinaus. Schon im Februar 1919 sagte Piłsudski daher einem Korrespondenten der Zeitung «Le Matin»: «Leider ist dieses Land von Feinden umgeben. Die gefährlichsten sind die Deutschen und die Bolschewisten, denn unsere Wiedergeburt wird Preußen zerstückeln und vernichten und die Maximalisten in den Osten Europas zurückdrängen.»[17] Es waren martialische Worte, und wie die Zukunft zeigte, war die Prognose zutreffend: Zunächst waren die Sowjets der Hauptfeind. Den Krieg mit Deutschland sollte der 1935 verstorbene Piłsudski nicht mehr erleben.

2. Das lange Jahr 1919

Am 5. Januar 1919 hatte die Rote Armee die polnischen Einheiten vollständig aus Wilna vertrieben. Es waren nur kleine Gefechte, von einer Schlacht lässt sich nicht sprechen. War das trotzdem der Kriegsbeginn? Aus polnischer Perspektive ja, denn sowjetische Truppen hatten gewaltsam Territorium erobert, das als nationaler Besitz galt. Aber wie so oft bei dieser Auseinandersetzung sind die Dinge so eindeutig nicht – aus Moskauer Sicht sollte es ein weiteres Jahr dauern, bis man von einem Kriegszustand mit Polen sprechen konnte. Noch am 27. Februar 1920 schrieb Lenin an Leo Trotzki, Russland müsse eine militärische Auseinandersetzung überhaupt erst vorbereiten.[1] Der Konflikt sei bisher lediglich einer zwischen Warschau und der Litauisch-Weißrussischen Sowjetrepublik gewesen, erst mit dem Ausgreifen auf genuin russisches Territorium – in der heutigen Ukraine und Belarus – habe sich dies geändert.

Viele westliche Historiker folgen zwar nicht dieser russischen Sichtweise, erkennen aber trotzdem in Polen den Aggressor und lassen den Krieg im Februar 1919 beginnen, mit Piłsudskis Angriff auf Wilna. Es handelt sich dann nicht um die Rückeroberung des polnischen Wilno, sondern um eine Expansion ins litauische Vilnius. Wie bei den meisten modernen Konflikten instrumentalisierten damals beide Seiten ethnisch-nationale Aspekte, verteidigten vorgeblich die Interessen der Bevölkerung und leisteten sowieso nur Hilfe, während die andere Partei der illegitime Aggressor war. Niemand will schließlich verantwortlich sein für einen Kriegsausbruch. Selbst objektiv betrachtet lässt sich kaum eine Hauptschuld beimessen – aber das wäre sowieso eine moralische Bewertung der Nachgeborenen, die nicht angebracht ist. Fest steht: Beide Seiten waren nicht bereit, kampflos zurückzustecken.

Zumindest für die Frage nach dem Kriegsbeginn ist entscheidend, dass die ersten Schüsse Anfang Januar 1919 gefallen sind. Und für die polnische Bevölkerung Wilnas waren die darauffolgenden Wochen eindeutig eine Besatzung. Die Versorgung verschlechterte sich, Hamsterfahrten aufs Land wurden notwendig, und der Hass wuchs. Der deutsche Jesuit Friedrich Muckermann, der bei der Rückkehr aus der russischen Kriegsgefangenschaft in Wilna Station machte, schrieb: «Unter der Herrschaft dieser Asiaten belebte sich die Russifizierung in Wilna wieder wie zu den ‹besten› zarischen Zeiten, nur noch rücksichtsloser.»[2]

Zeitgleich betonte in Moskau Außenminister Georgi Tschitscherin, nun saturiert und an Frieden interessiert zu sein. Allerdings wolle Russland auch eine Föderation mit Belarus und Litauen, diese also als kommunistische Vasallen in eine noch zu gründende Sowjetunion eingliedern. Über den Grenzverlauf zu Polen äußerte er sich gegenüber dessen Premierminister Ignacy Jan Paderewski nicht; Wilna oder gar Minsk würde er jedenfalls freiwillig nicht hergeben.[3] Und so kam es am 14. Februar in Bereza Kartuska zum ersten, gewissermaßen offiziellen Aufeinandertreffen regulärer polnischer und sowjetischer Truppen. Moskau protestierte gegen das Vorgehen Warschaus bei der Entente, aber das blieb ohne Konsequenzen, weil Paris und London wenig Sympathien für die Bolschewiki hegten.

Die sowjetische Westarmee umfasste Ende Januar 1919 weniger als 20000 Soldaten.[4] Von seinem Massenheer des Ersten Weltkriegs hatte sich Russland weit entfernt, zumal die Kämpfer auf ein Gebiet halb so groß wie das heutige Deutschland verstreut waren. Aber Warschau konnte selbst dem wenig entgegensetzen, zumal es auch in der Ukraine Krieg führte. Piłsudskis Generalstabschef Stanisław Szeptycki, Angehöriger eines alten Adelsgeschlechts und erfahrener Offizier der österreichisch-ungarischen Armee, forderte deshalb, dort Frieden zu schließen und erst dann im Norden aktiv zu werden. Die Sowjets seien der viel gefährlichere Feind und man brauche dringend Nachschub, bevor an die Rückgewinnung von Wilna zu denken sei.

Zweifrontenkriege müssen um jeden Preis vermieden werden. Das diktiert die militärische Logik. Aber innenpolitisch ließ sich in Warschau weder ein Verzicht auf Wilna noch auf Lemberg vermitteln, selbst wenn er nur vorübergehend wäre. Die Nationaldemokraten um Roman Dmowski, Piłsudskis innenpolitische Rivalen, drängten auf eine Offensive in Galizien. Ministerpräsident Paderewski war zwar persönlich für einen Vorstoß in Litauen, er schien ihm jedoch außenpolitisch riskant, denn die Westalliierten, bisher Verbündete des jungen Polens, würden ihn nicht billigen. Piłsudski teilte diese Einschätzung – und wollte gerade deshalb energisch im Norden angreifen. Wenn man Wilna sowieso nicht auf diplomatischem Wege erhalten könne, müsse man Fakten schaffen und insbesondere den Litauern zuvorkommen, die ebenfalls den Kampf gegen die Rote Armee und um ihre Hauptstadt planten.[5]

Um überhaupt Truppenverlagerungen in dieser Gegend möglich zu machen, mussten die Deutschen vorher die Haupteisenbahnverbindung von Brest über Białystok nach Ostpreußen freigeben, was nach einem Abkommen vom 5. Februar auch geschah. Doch Polen standen nur wenige Männer zur Verfügung, während alleine 7000 vergleichsweise gut gerüstete Rotarmisten Wilna verteidigten. Und selbst wenn es irgendwie gelänge, die weit hinter den feindlichen Linien gelegene Stadt zu erreichen, wäre keine

Verstärkung vorhanden. Piłsudskis Berater, neben Szeptycki auch der General der französischen Militärmission Paul Henrys, hielten den Plan für eine Selbstmordmission wider jede Vernunft. Aber Piłsudski war kein ausgebildeter Stabsoffizier mit langjähriger Erfahrung in einer der kaiserlichen Armeen, sondern ein militärischer Autodidakt und Draufgänger.

Immerhin hörte er zu und passte seine Idee an, ohne sie im Ganzen zu verwerfen. Piłsudski stärkte die rückwärtigen Verbindungen und gab der Kavallerie eine größere Infanterieeinheit mit. Das verringerte zwar den Überraschungseffekt, erlaubte aber Ablenkungsmanöver. Außerdem war der oberste Feldherr in Warschau überzeugt von seinen Soldaten, hochmotivierten Freiwilligen und Unteroffizieren mit viel Erfahrung aus dem Weltkrieg, während er der mit Zwang zusammengehaltenen Roten Armee wenig zutraute. Am Ende setzte Piłsudski neben der Reiterei noch 2270 Mann der 2. Legionärsdivision in Marsch, ausgestattet mit neun Maschinengewehren und vier Feldkanonen. Noch war es ein bescheidener Krieg.

Mitte April standen die Truppen rund hundert Kilometer südlich von Wilna und sollten einen schnellen Vorstoß nach Norden ausführen. Piłsudski begab sich selbst an die Front und ordnete einen Scheinangriff auf Lida an, um die Sowjets über sein eigentliches Ziel zu täuschen. Die Stadt fiel nach zwei Tagen, und kurz darauf auch Nowogródek und Baranowicze. Doch der Hauptpreis war noch in weiter Ferne. Sehr bald lag die Infanterie in unwegsamem Gelände deutlich hinter dem Zeitplan zurück, und auch die Kommunikation via Pferdekurier erwies sich als nicht hilfreich. Piłsudski erteilte daher mehrfach den Befehl, die Operation abzubrechen – aber die Kavallerie ritt angesichts der unklaren Lage einfach weiter.

Am Morgen des 19. April drang sie in die Vororte von Wilna ein und beschlagnahmte Lokomotiven, die sie losschickte, um

Verstärkung nachzuholen. Auf ihren Pferden galoppierten die Polen in der Stadt herum, ohne sich in Kämpfe verwickeln zu lassen, einfach um die Verteidiger über ihre wahre Stärke zu täuschen. Und tatsächlich trafen am Abend die ersten Züge mit Fußsoldaten ein. Völlig überrumpelt trat die Rote Armee den Rückzug an und wurde binnen zwei Tagen vollständig aus der Stadt vertrieben. Die polnische Bevölkerung empfing Piłsudski am 21. April mit großem Jubel. Er hat va banque gespielt – und gesiegt. Es waren Talent im Spiel, Charisma, mit dem er seine Männer begeisterte, Intuition und Glück.[6]

Die Polen konnten Wilna kurz darauf auch gegen einen sowjetischen Gegenangriff verteidigen.[7] Unklar blieb allerdings die Haltung der Westmächte, die zwar keine Sympathien für die Bolschewiki hegten, aber das Selbstbestimmungsrecht der Völker im Ersten Weltkrieg in die außenpolitische Arena eingeführt hatten. Doch sie verzichteten auf eine klare Parteinahme zugunsten Litauens, weshalb der Kleinstaat, der militärisch nichts gegen seinen übermächtigen Nachbarn ausrichten konnte, ohne Unterstützung blieb.

Die Warschauer Politiker wollten sich allerdings nicht mit diesem Sieg begnügen, sondern weiter im Osten expandieren. Dies begründeten sie nicht zuletzt mit den polnischen Minderheiten in jenen Gebieten, die eine umfangreiche Lobbytätigkeit in eigener Sache entfalteten.[8] Die Angehörigen der polnischen Minderheiten wiesen immer wieder auf Gräueltaten der Bolschewiki hin, gegen die sich in den Städten oftmals Bürgerwehren bildeten, die die Rote Armee dann wiederum mit großer Brutalität bekämpfte. Überhaupt «erwarte die Bevölkerung die Ankunft der polnischen Truppen», denn die «Bedingungen sind fatal».[9] Dank explodierender Rekrutenzahlen eroberte Polen noch im April die Stadt Grodno, im August Minsk und Bobruisk und im September Borissow. Die Truppen waren so weit in belarussisches

Territorium vorgestoßen, dass sich die Litauisch-Weißrussische Sozialistische Sowjetrepublik unter Vincas Mickevičius-Kapsukas im August für aufgelöst erklärte. Nur die Republik Litauen mit ihrer Hauptstadt Kaunas konnte sich behaupten, da Warschau darauf keine Ansprüche erhob.

Die Rote Armee war in jenen Monaten ganz vom Kampf gegen die «Weißen», vor allem den in der Zentralukraine vorstoßenden Anton Denikin, absorbiert. Die Nordwestfront hatte demgegenüber für Moskau nur eine geringe Bedeutung, zumal Lenin und Trotzki nicht von einem Marsch der Polen auf Moskau ausgingen. In diesem Sinne war die Gegenrevolution schlicht der bedrohlichere Feind, mit dem man um Untergang oder Überleben kämpfte. Zwar hatte Paderewski im September dem englischen Premierminister David Lloyd George tatsächlich vorgeschlagen, weiter nach Osten vorzustoßen, wollte dafür aber umfassend mit Geld und Rüstungsgütern entschädigt werden. England, das Denikin massiv unterstützte, traute diesem aber zu jenem Zeitpunkt einen Sieg aus eigenen Kräften zu und wollte die kaum zu kontrollierenden, expansiven Polen nicht noch weiter stärken.[10]

Und Denikin bestand auf den Grenzen des alten zarischen Russlands und konnte sich nicht mit dem Gedanken unabhängiger Staaten auf dessen Territorium im Westen anfreunden; er wäre ein Verbündeter gewesen, der die Existenz Polens ablehnte. Ein Vorgehen an zwei Fronten unterblieb also, die polnischen Truppen folgten nicht Napoleons Beispiel, sondern machten auf dem Westufer der Beresina halt. Die Chance zum Sturz des Kommunismus verstrich, wenig später erlitt Denikin eine Niederlage und musste sich auf die Krim zurückziehen. Doch Polen hatte schlicht kein eigenes Interesse daran, den Kreml zu erobern. Es ging Piłsudski um die alte Rzeczpospolita, nicht um die Niederwerfung des Bolschewismus oder gar grenzenlose Expansion.

Außerdem war seine Armee trotz allgemeiner Aufrüstung noch nicht für einen größeren Krieg bereit. Immerhin waren aus den etwa 30 000 Soldaten bei Ende des Ersten Weltkriegs schon im Januar 1919 über 100 000 geworden. Und zwischen April und Juni trafen 68 433 Mann der sogenannten Haller-Armee aus Frankreich ein. Diese voll ausgestattete und bestens trainierte Formation unter General Józef Haller bestand aus polnischen Freiwilligen, die sich im Großen Krieg noch zum Kampf gegen Deutschland gemeldet hatten. Die Exilpolen waren von den Franzosen ausgebildet worden, hatten aber nicht mehr kämpfen müssen. Im August konnte Kazimierz Sosnkowski, der stellvertretende Warschauer Kriegsminister, zudem 72 000 Soldaten der Großpolnischen Armee eingliedern. Es handelte sich dabei um Polen, die zuerst für Preußen, dann aber für die Unabhängigkeit von Deutschland gekämpft hatten und deren Kampfstärke noch höher als diejenige der Haller-Einheiten war.[11]

Im März hatte Polen in seinen Kerngebieten außerdem die allgemeine Wehrpflicht eingeführt, aber jenseits davon lief die Anwerbung längst nicht immer reibungslos. Das Komitee zur Verteidigung der Kresy, also der Ostgebiete der Republik, wollte 4000 Männer für die Streitkräfte gewinnen, konnte letztlich aber lediglich 400 tatsächlich nach Warschau melden; nur bei den im Nordosten lebenden Tataren sah es anders aus, dort meldete sich ein Drittel der jungen Männer freiwillig.[12] Doch wer dort und anderswo tatsächlich in die Armee eintrat, stellte nicht immer eine Verstärkung dar. Selbst eine einfache Ausbildung fiel schwer, wenn die neuen Rekruten nicht lesen konnten. Und das kam häufig vor: Noch 1921 waren über ein Drittel aller Polen und Polinnen Analphabeten.[13] Der Hauptmann Stanisław Rostworowski plädierte deshalb in einem Brief an seine Familie dafür, gebildete weibliche Freiwillige aufzunehmen: «Vielleicht wird Papa von solch einer fortschrittlichen Lösung irritiert sein, aber die Notwendigkeit zwingt uns dazu.»[14] Dazu sollte es allerdings erst gut ein Jahr später kommen, im Sommer 1920.

Neue Rekruten waren nicht die einzige Herausforderung für die Staaten Ostmitteleuropas. Sie hatten viel Material und noch mehr Traditionen der untergegangenen Kaiserreiche geerbt, aber deren unterschiedliche Militärdoktrinen brachten Uneinheitlichkeit mit sich. Befehlsketten und Handlungsspielräume von Soldaten und Offizieren variierten ebenso wie die Ausbildung, dazu kamen Eitelkeiten der Führer, die sich und ihre Art der Kriegführung jeweils für überlegen hielten und auf Kameraden herabblickten. Szeptycki etwa hielt seinen Stabsoffizier, Oberstleutnant Wacław Stachiewicz, für weitgehend inkompetent, weil dieser keine Militärakademie besucht hatte.[15]

Derlei Vorbehalte gab es auch in niedrigeren Rängen. Die Posener Truppen etwa fühlten sich – nicht ganz zu Unrecht – allen anderen polnischen Einheiten überlegen, und dementsprechend schwer fiel es ihnen, Befehle von Offizieren aus anderen Landesteilen entgegenzunehmen. Die Folge waren ein ernsthaftes Disziplinproblem und immer wieder Konflikte innerhalb der Armee – und zwar nicht nur mit den Posenern.[16] Rein zahlenmäßig dominierten bei den Unteroffizieren und den jüngeren Leutnants Freiwillige. Darin ähnelten sich die Armeen in Osteuropa. Sie boten allesamt ein Bild von Armut und Elend. In einem Bericht über eine polnische Division hieß es im Sommer 1919:

> Die Situation des Soldaten ist sehr bedauernswürdig. Meistens barfüßig und schlecht ernährt, bildet er Einheiten, die aufgrund dessen völlig disziplinlos sind. Der Soldat sieht ganze Wochen kein Brot, das er dann mit eigenen Händen stiehlt, wo er kann, und auf diese Weise seine Würde und Ehre gefährdet.[17]

Dieses «Organisieren» beobachtete auch Stanisław Rostworowski: «Brot wurde wie im Märchen zu Gold. Mit Brot kann man alles kaufen, deshalb kann man sich daran auch orientieren. Unter diesen Bedingungen waren die Szenen am schlimmsten, als unsere Soldaten auf den Dörfern Eier und Käse stahlen, obwohl diese selbst in Not sind.»[18] Ein halbes Jahr später schrieb er seiner Frau: «Das Leben ist rasend teuer. Ein Pfund Brot kostet 5 Rubel, ein Viertel Milch 3 Mark. Am ersten Tag, als die Menage nicht funktionierte, gab ich 100 Mark für das Essen von mir, der Ordonnanz und des Chauffeurs aus.»[19] Den polnischen Soldaten fehlte es an allem – aber darin unterschieden sie sich kaum von der Roten Armee. Mangel und Hunger waren Phänomene, die in Ostmitteleuropa nach dem Ersten Weltkrieg in allen Staaten zu beobachten waren.

Doch während man in der allergrößten Not aus dem Land leben konnte, ließ sich ohne Gewehre nicht schießen. Aufrüstung war daher von zentraler Bedeutung. Polen gab 1919 fast drei Viertel seines Staatshaushalts dafür aus. Hauptkreditgeber war Frankreich, das in jenem Jahr rund 375 Millionen Francs überwies, von denen es 298 Millionen gleich für gebrauchte Militärgüter verrechnete. Fast 3000 Eisenbahnwaggons rollten nach Osten, davon 2300 mit Artillerie, 455 mit Auto- und 260 mit Flugzeugteilen. Von den in Griechenland stationierten französischen Truppen kamen weitere 1000 Waggons mit Munition. 1920 verkaufte die Grande Nation fast 600 000 Gewehre, 500 000 Uniformen und 780 000 Paar Schuhe an Polen. Ein anderer Handelspartner war Ungarn, bei dem Warschau 500 Waggons mit Kohle gegen 20 Millionen Schuss Gewehrmunition und 20 000 Artilleriegranaten eintauschte; und trotz des allgegenwärtigen Hungers im Februar 1919 weitere 600 Waggons mit Kartoffeln gegen 25 000 Mannlicher-Gewehre inklusive 5 Millionen Schuss.[20]

Allerdings passte die Munition für die eine Sorte Gewehr nicht für die andere des Kameraden im nächsten Regiment. Bei der Artillerie sah es genauso aus, und die Lage bei Ersatzteilen war nur deshalb vergleichsweise besser, weil die Kriegführung kaum auf komplizierter Technik beruhte. Eine Ausnahme stellten lediglich Panzer dar, die seit Mitte 1919 aus Frankreich eintrafen: 120 Stück des Fabrikats Renault M-17 machten Polen zur viertgrößten Panzermacht der damaligen Zeit. Sie waren höchst pflegebedürftig und mussten nach etwa 150 Kilometern Fahrt einen Tag in die Werkstatt, und nach 1000 Kilometern war eine Hauptuntersuchung von einer Woche fällig.[21]

Die Logistik dieser Armee stellte in den Weiten Ostpolens den Alptraum jedes Generalstabs dar, weil sich Nachschub in keiner Weise standardisieren ließ. Nichts symbolisierte dieses Chaos deutlicher als die Uniformen, deren zentrales Merkmal ja Einheitlichkeit sein sollte. Französische waren blau, deutsche grau, und österreichisch-ungarische, russische oder genuin polnische hatten wieder andere Farben. Die Armee war im wahrsten Sinne des Wortes ein bunter Haufen. Oft ließen sich Freund und Feind kaum unterscheiden, etwa weil manche polnischen Kavalleristen die gleiche amerikanische Uniform trugen wie litauische Infanteristen.[22]

Nachschub ließ sich in nennenswertem Umfang nur auf den wenigen Eisenbahnstrecken transportieren, aber selbst dann bestimmte Improvisation den Alltag – die benötigten Mengen waren schlicht zu groß. Beispielhaft dafür standen Panzerzüge: Zweieinhalb Tonnen Kohle und 12 000 Liter Wasser benötigte so ein 400 Meter langes Ungetüm auf 100 Kilometer. In der Roten Armee bestand die typische Bewaffnung aus zwölf bis 14 Maschinengewehren und drei bis vier Geschützen, die von 300 Mann bedient wurden.[23] Beide Seiten verfügten zeitweise über annähernd 40 Stück dieser gefürchteten Waffensysteme, die im schnellen Vor- und Zurück auf den Gleisen leicht den Ausschlag im Gefecht geben konnten.

Bei allen Anstrengungen vergrößerte das polnische Militär vor allem die Zahl seiner Soldaten, während Qualität und Quantität der Ausrüstung weit dahinter zurückblieben. Ende 1919 konnte Piłsudski bereits auf etwa 600 000 Mann zurückgreifen, doch davon dienten nie mehr als 15 Prozent an der Front. In den Worten des Oberbefehlshabers selbst: «Dieser beklagenswerte Zustand unserer Kriegsorganisation war die Folge des überhasteten und oberflächlichen Aufbaues unserer Armee.»[24]

Weil der Kreml der sowjetischen Westfront in diesem Jahr wenig Aufmerksamkeit schenkte und ganz mit dem Niederringen der Gegenrevolution beschäftigt war, konnte Polen seine Grenzen trotz dieser wenig schlagkräftigen Truppen weit ausdehnen. Die eroberten Gebiete unterstanden nicht dem Parlament, sondern einer Spezialverwaltung, die direkt Piłsudski verantwortlich war. An ihrer Spitze stand mit Jerzy Osmołowski ein begüterter Landbesitzer und treuer Anhänger des Staatsoberhaupts. Die rund 20 000 Beamten in den Ostgebieten waren fast ausschließlich ethnische Polen und damit wenig repräsentativ für die Bevölkerung der Kresy. Wichtiger als Integration war allerdings Machtsicherung für die von allen Seiten bedrängte Rzeczpospolita.[25] Und so versuchte man allenthalben, sich als Schutzmacht vor den Bolschewiki zu inszenieren – und erwartete Dankbarkeit dafür.[26] Doch so einfach war die Situation nicht, denn insbesondere die litauischen Einwohner Polens hofften auf einen Moskauer Sieg und eine Restituierung Wilnas. Stanisław Szeptycki fand einen ganz eigenen Weg, um zumindest die Agitation der litauischen Priester wortwörtlich ins Leere laufen zu lassen: Er verbot ihnen zwar nicht die Predigt, sperrte dafür aber Kirchen für den allgemeinen Besuch.[27]

An der Grenze zu Ostpreußen übernahmen die Deutschen die Funktion eines Puffers. Noch im Sommer 1919 standen Freikorps auf polnischem Gebiet, trennten die verfeindeten Staaten

Abb. 1 Ein polnisches Plakat von 1920: Józef Piłsudski als Retter vor dem Bolschewismus.

und waren tatsächlich ein Schutz vor der Roten Armee. In ihren Augen waren die Auseinandersetzungen angesichts des eigenen Schicksals kaum von Bedeutung und gewissermaßen epigonal. Das Freikorps von Diebitsch ließ der Stadt Suwałki deswegen ausrichten: «Politische Erörterungen werden grundsätzlich abgelehnt; sie würden ins Endlose führen und bedeuteten den Tod praktischer Tätigkeit.»[28]

In Warschau musste man politische Dinge sehr wohl diskutieren. Anfang 1920 war ziemlich offensichtlich, dass all die Eroberungen des vergangenen Jahres zwar einen großen Gebietszuwachs gebracht hatten, aber eben keinen Frieden. Polnische Truppen hielten eine Frontlinie vom Baltikum bis zu den Karpaten und waren häufig in kleinere Auseinandersetzungen mit sowjetischen Einheiten verwickelt. Immer lauter fragten Piłsudskis Generäle, wie es denn weitergehen solle, was der langfristige Plan sei.

Eine bestechende Analyse legte im Januar 1920 Antoni Listowski vor, der kommandierende General der Wolhynien-Front in der nördlichen Ukraine:

> Wenn wir uns über den Zweck unseres Ostkrieges wundern, kommen wir zu dem Schluss, dass er schwerer zu fassen ist als in jedem anderen Krieg. […] Das Fehlen eines spezifischen Zwecks des politischen Kriegs und die Besonderheiten des gegnerischen Systems machen es unmöglich, klare und endgültige militärische Aufgaben zu benennen, die uns dazu bringen würden, unseren Gegner zu besiegen.[29]

In der Tat hatte Polen bislang keinen Sieg gegen die Bolschewiki errungen. Das ganze Jahr 1919 hatte vor allem Scharmützel und kleinere Gefechte zwischen den beiden verfeindeten Armeen gesehen, aber nichts, was sich auch nur annähernd als Schlacht, gar als Entscheidungsschlacht bezeichnen ließe. Piłsudskis Feldherrn profitierten vor allem davon, dass Moskau dem Bürgerkrieg im Inneren viel mehr Beachtung schenkte und die Rote Armee dort einsetzte. Doch hier konnten die Sowjets inzwischen einen Sieg auf ganzer Linie vorweisen, lediglich auf der Krim standen noch Einheiten des konterrevolutionären Generals Pjotr Wrangel, die in absehbarer Zeit ebenfalls kapitulieren sollten.

Listowskis in der Forschung bisher kaum zur Kenntnis genommene Warnung war eindeutig: Ohne weitere Maßnahmen stünden den aktuell 127 440 polnischen Soldaten der Wolhynien-Front bald nicht mehr nur geschätzt 95 000 Rotarmisten gegenüber, sondern 250 000. Dieser Anzahl könne man nicht standhalten, eine passive Verteidigung sei daher keine Option. Der ehemals zarische Offizier Listowski stand damit in klarer Opposition zu Piłsudskis französischen Militärberatern. Sie empfahlen, ausgehend von eigenen Erfahrungen an der Westfront des Ersten Weltkriegs mit ihren Schützengräben, sich einzugraben und abzuwarten. Aber dergleichen konnte nur auf kleinem Raum und mit Massenheeren gelingen; im Osten war es, wie die bisherigen Erfahrungen gezeigt hatten, keine empfehlenswerte Taktik. Eine Umgehung oder ein Durchbruch war dem Gegner dort immer möglich. Minsk beispielsweise hatten die Polen im August 1919 aus einer konzentrierten Attacke heraus genommen, ohne eine geschlossene Frontlinie, nur durch das schnelle Vorstoßen weniger Einheiten.

Und so empfahl Listowski eine Offensive bei den zentralukrainischen Städten Berdytschiw und Schytomyr, um bis zum nächsten Sommer den Dnjepr als Grenzlinie und Kiew als Quartier zu besitzen. Warschau müsse schnell den Befehl dazu geben, denn bereits Ende April oder Anfang Mai sei mit einem Angriff der Sowjets zu rechnen.[30] Tatsächlich beobachtete die polnische Aufklärung im Frühjahr einen starken Anstieg von sowjetischen Truppen an deren Westfront, von vier Divisionen im Januar auf 20 Divisionen am 25. April – rund 300 000 Soldaten.[31]

Piłsudski würde darauf genau so reagieren, wie Listowski es vorgeschlagen hatte.

3. «Międzymorze» – Zukunftsvorstellungen für ein Polen «zwischen den Meeren»

Es gab 1919 immer wieder diplomatische Kontakte zwischen Sowjetrussland und Polen, aber zu keinem Zeitpunkt entwickelten sich aus ritualisierten Friedensbekundungen ernsthafte Sondierungen auch nur in Richtung eines Waffenstillstands. Beide Seiten waren daran nicht interessiert. In Warschau wollte man die Grenzen so weit wie möglich ausdehnen und die momentane Schwäche Russlands ausnutzen; Moskau wiederum spielte auf Zeit und wollte erst den Bürgerkrieg beenden, um dann mit ganzer Stärke im Westen alten Besitz zurückzugewinnen.

Anfang 1920 bot der Moskauer Außenminister Tschitscherin in einer offiziellen Note an, dass kein Rotarmist die Front überschreiten würde. Damit war allerdings keine Anerkennung der Grenze verbunden – sie sollte lediglich als provisorische Demarkationslinie dienen. Immerhin wollten die Bolschewiki bedingungslos die polnische Souveränität und Unabhängigkeit anerkennen, was zumindest über entsprechende Vorstellungen der «Weißen» hinausging. Außerdem verneinte Tschitscherin ein gegen Polen gerichtetes Abkommen mit Deutschland, legte Warschau aber doch nahe, sich an den Verhandlungstisch zu begeben, weil man ein solches ansonsten durchaus anstreben könne.

Der Sejm diskutierte am 23. Februar einen Gegenvorschlag, der unter anderem die Ostgrenze der Rzeczpospolita aus dem

Jahre 1772 sowie eine Verkleinerung der Roten Armee vorsah. Als dieses Konzept am 27. März in Moskau vorlag, reagierte Tschitscherin mit der Forderung eines generellen Waffenstillstands, was wiederum Piłsudski nicht passte – er bereitete bereits seine Frühjahrsoffensive vor und versprach sich davon eine weit bessere Verhandlungsposition.[1]

Polens oberster Feldherr billigte sich Kompetenz nicht nur auf dem Schlachtfeld zu. Auch auf die Außenpolitik nahm er maßgeblichen Einfluss, wobei er in Bezug auf Russland persönliche Erfahrungen einbrachte: Piłsudski hatte in seiner Jugend im Zarenreich selbst linken Revolutionären angehört und 1892 die Polnische Sozialistische Partei (Polska Partia Socjalistyczna, PPS) mitbegründet. Und selbst wenn er sich später vom Marxismus verabschiedet hatte und darüber die Anekdote erzählt wurde, dass er aus der roten Straßenbahn in Richtung Sozialismus an der Haltestelle Unabhängigkeit ausgestiegen sei,[2] waren ihm die Denkweisen der Moskauer Kommunisten und ihre ideologischen Deutungen gegenwärtiger Herausforderungen vertraut. Allerdings unterschied Piłsudski zwischen Marxismus und Bolschewismus und sah darin keine deckungsgleichen Phänomene. Das sowjetische System war für ihn nicht Sozialismus, sondern eine spezifisch russische Perversion despotischer Herrschaft, die sich lediglich mit entsprechenden Reden und Propaganda nach außen hin volksnah gab.[3] Im Grunde aber gehe es nur um die Unterdrückung der Bevölkerung. Das drohe allen Staaten – zuvorderst Polen –, die der Roten Armee nicht widerstünden.

Es mangelte in Polen nicht an scharfsinnigen Analysen des Nachbarn. Der Generalstab tat sich dabei besonders hervor, weil er in der Roten Armee die größte Bedrohung der Heimat sah. Die Revolutionäre seien keine Proletarier oder Bauern, sondern radikale Intellektuelle, die eine Politik gestützt auf Bajonette verfolgten und ihre Feinde mit Terror überzögen. Das Problem

Polens liege nun darin, dass die Revolution isoliert nicht überleben könne und deshalb entweder nach Westen expandieren oder untergehen müsse. Moskau sei insbesondere an einem Umsturz in Deutschland interessiert und würde deshalb nach und durch Polen marschieren wollen – es drohe also Angriff und Aufwiegelung.[4]

Rund hundert Jahre später bestätigt die Forschung viele der vom polnischen Generalstab geäußerten Ansichten.[5] Für Lenin war tatsächlich Deutschland das primäre Ziel, denn der Marxismus hatte Revolutionen vor allem in industrialisierten Ländern mit einer zahlreichen Arbeiterschaft vorhergesagt. An diese Prophezeiungen glaubte man im Kreml durchaus und sah sich selbst als eine Art Befreier vom Kapitalismus, der in Gestalt englischer Interessen momentan Deutschland dominiere. Weil britische Industrielle aber ein potentiell tödlicher Feind der eigenen Sache seien, schade es nicht, Polen als Pufferzone zu haben. Es war eine durchaus dialektische Argumentation, die im Grunde darauf hinauslief, Möglichkeiten zur Expansion nutzen zu wollen, aber nicht um jeden Preis.

Allerdings galt Polen in Moskau als Bedrohung, denn Lenin erkannte in dem Land letztlich einen Agenten Englands und Frankreichs, die es als eine Art Marionette gegen die Revolution instrumentalisierten. Zutreffender und letztlich bedeutsamer war die Einschätzung, dass der Westen weiterer polnischer Expansion eher skeptisch gegenüberstehe und sich für andere Nationalbewegungen im Osten kaum interessiere. Insofern würden London und Paris also höchstens Denikin unterstützen, ansonsten aber nicht intervenieren. Der Kampf gegen die «Weißen» müsse daher mit höchster Priorität und unter Einsatz aller Kräfte geführt werden. In Bezug auf andere Gegner habe man politischen Spielraum und könne manövrieren.[6]

Im Frühjahr 1920 war Denikin besiegt. Die Bolschewiki hatten einen mehrjährigen Kampf ums Überleben an verschiedenen Fronten mit knapper Not gewonnen. Polen war im Vergleich zu den «Weißen» bis dato eher ein harmloser Gegner gewesen. Aus Moskauer Perspektive war die Ursache für diese relative Schwäche klar: Das polnische Proletariat sympathisiere eigentlich mit der Revolution und sei gegen die imperialistische Warschauer Politik. Schon 1917 hatte Nikolaj Bucharin, damals Cheftheoretiker der Bolschewiki, davon gesprochen, diesen Volkswillen selbstverständlich respektieren zu wollen, nicht aber den der dortigen Bourgeoisie.[7] Allerdings ging der Marxismus auch davon aus, dass sich die Wünsche der Arbeiterschaft unter kapitalistischen Bedingungen nicht frei artikulieren könnten – weshalb die Kommunisten die einzig wahren Interpreten der proletarischen Meinung seien und in letzter Konsequenz Moskau am besten wisse, was gut für Polen sei.

Lenin und Trotzki wollten auch deshalb eine Offensive im Westen beginnen, weil sie Polen für reif für die nächste Stufe marxistischer Evolution hielten, reif für einen Umsturz und eine Diktatur des Proletariats. Doch die bisherigen diplomatischen und propagandistischen Anstrengungen hatten wenig gefruchtet, eine nennenswerte kommunistische Bewegung gab es in Warschau nicht.[8] Mit der Roten Armee stand allerdings ein Instrument bereit, um die Revolution mit Gewalt auszubreiten. Mit Blick auf den weiteren Verlauf des 20. Jahrhunderts lässt sich wohl sagen, dass es eine ganz und gar kontraproduktive Entscheidung war, denn kaum je wurden Sympathien für den Sozialismus so gründlich bereits in ihren Ansätzen erstickt.

Auf der Habenseite konnte Moskau die Expansionspolitik Piłsudskis verbuchen, mit der sich Warschau in Ostmitteleuropa keine Freunde gemacht hatte. Und weil die polnische Minderheit in den Kresy meist der besitzenden Oberschicht angehörte, versprachen die Bolschewiki soziale Gleichheit und Vermögensumverteilung.[9] Den nicht-polnischen Ethnien stellte Lenin außerdem das Selbstbestimmungsrecht der Völker in Aussicht. Josef Stalin, sein Volkskommissar für Nationalitätenfragen, sprach allerdings von Selbstbestimmung nur der arbeitenden Massen, was seit Januar 1918 offizielle Parteirichtlinie war und Lenins Worte ins Reich der Propaganda verwies. Der Föderalismus sowjetischer Prägung hatte mit nationaler Unabhängigkeit wenig gemein.

Immerhin war sich Lenin bewusst, wie sehr die Polen von historischem Misstrauen gegen Russland geprägt waren. Diese Tatsache ließ sich kaum übersehen, zumal beinahe alle politischen Richtungen in Polen den Krieg gegen Sowjetrussland und die Expansion im Osten unterstützten. Sogar die Sozialisten waren dafür, meist aus nationaler Überzeugung; bei Konservativen und dem Adel traten noch materielle Interessen in diesen Gebieten hinzu, weil viele der Magnaten Grundbesitz dort hatten. Ein Polen «między morze», zwischen den Meeren, wie die alte Rzeczpospolita zu Zeiten ihrer weitesten Ausdehnung im 17. Jahrhundert, war ein populärer Traum. Eine Union mit Litauen und Allianzen mit Belarus und der Ukraine, gewissermaßen die Wiedergeburt des jagiellonischen Reichs, waren das eine, noch besser aber schien die Expansion der eigenen Herrschaft von der Ostsee bis ans Schwarze Meer. Dieses «Intermarium» ging auf Witold Kamieniecki zurück, einen Historiker, Diplomaten und Senator, der als Professor an der Warschauer Universität lehrte.[10] Es sollte sich zu einer zentralen Vision entwickeln, die eine hohe Integrationskraft besaß.

Skeptisch gaben sich lediglich Roman Dmowskis Nationaldemokraten, weil sie befürchteten, Polen könne in einem Konflikt mit Russland unterliegen.[11] Die Bewegung kristallisierte sich nach dem Ersten Weltkrieg als Hauptwidersacher Piłsudskis heraus. Dmowski entstammte einem kleinadligen Geschlecht aus der Gegend von Warschau und hatte sich schon in jungen Jahren für die polnische Sache engagiert. Vor 1914 befürwortete er eine Annäherung an Russland, vertrat panslawistische Ansichten und kämpfte gegen polnisch-revolutionäre Parteien. Bekannt wurde er auch durch seinen fanatischen Antisemitismus und eine Boykottaktion gegen jüdische Geschäfte, die er 1911 organisierte.[12] 1915 begab er sich nach Frankreich, um bei den Westalliierten für einen polnischen Staat zu werben. Das machte ihn zum ersten Ansprechpartner der Entente und wichtigsten diplomatischen Vertreter des neugegründeten Staats nach 1918.

Wegen seiner panslawischen Haltung war Dmowski stets skeptisch, was den Krieg gegen Russland betraf. Als Hauptfeind seines Staates sah er Deutschland, und eine energische Expansion wollte er vor allem im Westen vorantreiben, in Richtung Oberschlesien und Westpreußen – nicht wegen der dort lebenden polnischen Minderheiten, sondern aufgrund historischer Ansprüche aus dem Mittelalter:

> Wenn Polen dem Druck der deutschen Flut standhalten soll, gibt es in der Tat keine Opfer, welche die Nation nicht auf sich nehmen müsste für die breitere Entfaltung der kulturellen Arbeit, für den Fortschritt, der es dahin bringen soll, dem Gegner ebenbürtig zu sein. Andernfalls ist es zur Rolle eines deutschen Hinterlandes verurteilt.[13]

Diese Fixierung auf ein Bollwerk im Westen bedeutete allerdings nicht, dass Dmowski im Osten auf sämtliche Gebiete verzichten wollte. Ein Vormarsch erschien ihm dort schlicht nicht so dringend, da Polen über kurz oder lang sowieso vieles in die Hände fallen würde. Noch in Paris präsentierte er den Alliierten Anfang März 1919 einen Vorschlag, in dem er die früheren russischen Gouvernements Kaunas, Wilna und Grodno sowie Teile derjenigen von Minsk und Wolhynien sowie Kurland, Podolien und Witebsk für Polen forderte. Sein erträumter Staat sollte eine Fläche von 485 000 Quadratkilometern haben – etwa eineinhalb Mal so groß wie das heutige Polen – mit 36 Millionen Einwohnern. Gegenüber der alten Rzeczpospolita war das tatsächlich ein Verzicht auf 40 Prozent des Territoriums und 16 Millionen Menschen, selbst wenn Dmowski im Westen Gebiete beanspruchte, die 1772 nicht dazugehört hatten.[14] Dennoch schien es beinahe ein großzügiges Angebot angesichts der glorreichen Vergangenheit.

Doch eine derartige Expansion war für England und Frankreich nicht vorstellbar. Sie wiesen Dmowskis Idee zurück und plädierten stattdessen für eine Grenze anhand ethnischer Kriterien – wobei Ukrainer oder Weißrussen keinesfalls als Polen gelten könnten. Gegen eine Föderation selbständiger Staaten sprach aus ihrer Sicht nichts, aber einer schlichten Annexion wollten sie nicht zustimmen. Der Gegenvorschlag der Entente für eine Grenzlinie orientierte sich an der russischen Volkszählung von 1897 und kam dem heutigen Zustand recht nahe, klammerte aber zunächst Ostgalizien und Lemberg aus; erst am 17. Juni positionierten sich London und Paris in dieser Sache – oder besser: wichen einer Positionierung aus, indem sie zwei Varianten zur Diskussion stellten, die das Gebiet einmal der Ukraine und einmal Polen zusprachen. In Polen empfand man diese Ideen allgemein als Zumutung, als Bevormundung und Einmischung. Sie trugen ganz maßgeblich zu einer Entfremdung zwischen den bisherigen Partnern in West und Ost bei und werden heute teilweise als ein Appeasement Moskaus und Verrat an Polen gesehen.[15]

Dmowski hatte schon am 2. März 1919 gesagt: «Föderation, das ist Schwäche», und prognostiziert, dass es sowieso nicht dazu kommen werde.[16] Nicht zuletzt bestehe die Gefahr, potentielle Partner zu einem späteren Zeitpunkt wieder zu verlieren, außerdem müsse man ihnen in Grenzfragen zu viele Zugeständnisse machen. Er favorisierte deshalb einen ethnisch homogenen Staat, der allerdings alle Menschen polnischer Herkunft umfassen und keineswegs auf die Minderheiten im Ausland verzichten sollte. Diese Polen dort

> können sich nicht selbst, wie es von ihnen gefordert wird, zum Untergang verurteilen, sie können nicht auf das Recht verzichten, ihr kulturelles Leben in polnischer Sprache zu organisieren, und auch nicht auf den Einfluss auf das Leben des Landes, der ihnen aufgrund ihrer zahlenmäßigen Stärke, ihres kulturellen Niveaus und ihrer wirtschaftlichen Rolle zusteht. Und auf sie kann auch die Nation nicht verzichten.[17]

Dmowskis Nationalismus war untrennbar mit dem Katholizismus verbunden, denn dieser alleine mache «wahre» Polen aus – und grenze sie von Ukrainern oder Russen ab. Das war noch kein rassischer Nationalismus, aber doch eine merkwürdig neuheidnische Vorstellung von christlichen Ideen, die er als kulturelle Legitimation für politische Ziele instrumentalisierte.[18] Weil die Litauer ebenfalls katholisch waren, schien mit ihnen ein Zusammengehen denkbar. Doch die Ukrainer seien noch gar nicht reif für eine eigene Nation, es gebe nur Ruthenen und eine kleine Intelligenz, die tatsächlich ukrainisch sei. Mit diesem anarchistischen Volk, das Eigentum nicht respektiere, lasse sich nichts gewinnen. Sie zu unterstützen wäre wider die eigenen Interessen, weil sie sowieso eher den Bolschewiki und Russland zuneigten oder aber, schlimmer noch, mit den Deutschen gemeinsame Sache machten.[19]

In einen polnischen Staat nach Dmowskis Vorstellungen wären die Litauer mit kultureller Autonomie eingegliedert worden; Weißrussen und Ukrainer hingegen hätten man polonisieren können, Juden zur Emigration genötigt. Auf eine friedliche Koexistenz verschiedener Nationalitäten würde das natürlich nicht hinauslaufen, aber das könne Polen letztlich egal sein, weil es all

Abb. 2 Piłsudski (salutierend, im hellen Mantel) am 19. April 1919 in Wilna. Neben ihm die Generäle Edward Rydz-Śmigły, Stanisław Szeptycki und Kazimierz Sosnkowski.

diesen Völkern kulturell und militärisch überlegen sei. Lediglich mit Russland müsse man Frieden schließen, aber das würde St. Petersburg akzeptieren. Was Dmowski dabei nicht einkalkulierte, war der Sieg der Bolschewiki, der Untergang des Zarenreichs und Lenin im Moskauer Kreml.[20]

Innenpolitisch konnte sich die Nationaldemokratie nicht gegen Piłsudski durchsetzen, selbst wenn ihr dessen Ideen altertümlich und aus dem 18. Jahrhundert stammend erschienen. Freilich sollten Dmowskis Visionen eines ethnisch homogenen Staats eine enorme Anziehungskraft entfalten, die bis in unsere Tage ungebrochen ist, ja in den letzten Jahren den Polen attraktiver denn je erscheint. Das lag auch am Untergang des Vielvölkerstaats der Zwischenkriegszeit, in dem rund ein Drittel der Bevölkerung keine ethnischen Polen waren. In der polnischen Perzeption der vergangenen hundert Jahre war diese Tatsache eine große Hypothek, eine Belastung, die – wie heutige Polemiker meinen[21] – letztlich zur Schwäche im September 1939 und in der Folge zu deutscher und sowjetischer Fremdherrschaft geführt habe.

Piłsudski ignorierte sowohl die Vorschläge des Westens als auch die Forderungen Dmowskis und seiner Partei. Am 22. April 1919, drei Tage nach dem Einmarsch in Wilna und zufällig am gleichen Tag, an dem die Alliierten ihre Pläne für eine Ostgrenze Polens vorlegten, wandte er sich an die Einwohner des ehemaligen Großfürstentums Litauen und kündigte ihnen freie Wahlen an – was hauptsächlich bei den dortigen polnischen Eliten auf Resonanz stieß. Paderewski als Ministerpräsident versuchte vergeblich, die Nationaldemokratie zu einer Billigung dieses Vorgehens zu bewegen, aber der Sejm befürwortete einen Monat später dennoch Piłsudskis Handeln. Einmal mehr war es ihm gelungen, alle Rivalen zu überrumpeln und Fakten zu schaffen.[22]

Polnische Kultur und Sprache, denen hauptsächlich die landbesitzende, adlige Oberschicht anhing, waren für Warschau die wichtigsten Argumente, um die Kresy, die Ostgebiete der alten Rzeczpospolita, zu beanspruchen. Mehr als drei Millionen Polen lebten in diesen Gegenden östlich des Flusses Bug, zwischen Karpaten und Ostsee, aber sie stellten nur rund ein Drittel der Gesamtbevölkerung. Freilich: Ethnische Russen waren dort lediglich 180000 Menschen,[23] und dementsprechend gründete Moskaus Herrschaftsanspruch vor allem in der kommunistischen Befreiungsideologie. Über das verlorene Imperium der Zaren konnten die Bolschewiki nur hinter vorgehaltener Hand sprechen.

Wenn polnische Politiker jener Zeit über ethnische, kulturelle oder politische Aspekte ihres Staates nachdachten, taten sie das vor dem Hintergrund der Teilungszeit seit 1795 sowie der Aufstände des 19. Jahrhunderts, die sich gegen diesen Zustand gerichtet hatten. Sie hatten keinen Erfolg gehabt, standen aber dennoch für eine Tradition des Kampfes um die Wiedergewinnung der Unabhängigkeit.[24] Doch so wie die Wahrnehmungen der Geschichte höchst subjektiv waren, waren es auch die daraus gezogenen Lehren und Deutungen. Dmowskis Vision unterschied sich deutlich von der eines Piłsudski, des Sozialisten Ignacy Daszyński oder der des Bauernführers Wincenty Witos. Einig waren sich diese Väter des wiedergeborenen Polen am Ende des Ersten Weltkriegs lediglich darin, dass ihre Nation eine historische Größe besitze, die die aktuelle Lage nicht widerspiegele – und die andere nationale Unabhängigkeitsbewegungen tendenziell bedrohten. Von einem Gegensatz zwischen Links und Rechts, wie er in vielen anderen Ländern zu beobachten war, lässt sich deshalb nicht sprechen – Politik war vor allem vergangenheitszentriert.[25] Alle Parteien forderten historische Besitztümer, lediglich Ausmaß und Begründung variierten.

Józef Piłsudski dominierte ohne Zweifel die polnische Politik jener Zeit. Er formte die innere und äußere Gestalt der neuen Republik wie kein anderer. Und obwohl Historiker seit hundert Jahren über seine Motive und Ziele diskutieren – oder vielleicht eher gerade deswegen –, gibt es keinen Konsens darüber, wie seine Ideen und Handlungen zu interpretieren sind.[26] In vielerlei Hinsicht agierte er als ein Föderalist, der an einem multiethnischen Staat von Polen, Litauern, Ukrainern und Weißrussen interessiert war und gewissermaßen ein Vielvölkerreich anstrebte. Nach der Eroberung Wilnas ließ er mehrfach bei der litauischen Regierung in Kaunas sondieren, ob ein Verzicht auf die Stadt in eine Föderation münden könne, aber das verstand man dort als vollständige Selbstaufgabe und Unterordnung und wies den Vorschlag deshalb empört zurück. Piłsudski ging so weit, im August 1919 einen Putschversuch in Kaunas zu unterstützen, um eine ihm gewogenere Regierung zu installieren. Das Vorhaben scheiterte kläglich und trug, kaum überraschend, zu einer weiteren Verschlechterung der Beziehungen bei.[27]

Die Eroberung Wilnas war in vielerlei Hinsicht eine Zäsur. Ihre Relevanz liegt weniger in der Annexion einer ethnisch polnischen Stadt. Wesentlich bedeutsamer war, dass Piłsudski damit eine Verständigung mit Litauen unmöglich machte und so die Chancen für ein Wiederaufleben der untergegangenen Rzeczpospolita der frühen Neuzeit endgültig zerstörte. Erst durch den infolge der Wilnaer Episode hervorgerufenen Hass entstanden ein genuin polnischer und ein explizit litauischer Nationalismus, die sich durch Abgrenzung vom früheren Partner definierten.

Piłsudski und viele andere Menschen aus dem nördlichen Ostmitteleuropa – etwa sein Freund und Generalskollege Lucjan Żeligowski – hatten sich stets als «Litauer» bezeichnet; sie sahen sich als Polen aus diesem Gebiet der 1795 untergegangenen Republik. Es war für sie ein geographisches, kein nationales Attribut. Diesem Föderalismus entzogen die Geschehnisse in den Jahren unmittelbar nach dem Ersten Weltkrieg die Grundlagen – nicht nur in Bezug auf Litauen, sondern auch auf Belarus oder die Ukraine. Es war der indirekte Triumph von Dmowskis Ideen – seine Vorstellungen von «polnisch» sollten sich durchsetzen, diejenigen Piłsudskis erwiesen sich trotz seiner militärischen Erfolge und seiner innenpolitischen Macht letztlich als anachronistisch.[28]

Die Selbstzuschreibung «Litauer» zeigt, wie sehr Piłsudski die Ideen des modernen Nationalismus fremd waren. Seine Visionen hatten historische Wurzeln und orientierten sich viel mehr an den Ideen der Imperien des 19. Jahrhunderts als an der Moderne, in der er selbst lebte. Sein Polen sollte durchaus ein heterogener Staat sein, in dem es Hierarchien zwischen den Ethnien gab. Aber das ist nicht mit Rassismus zu verwechseln, war nicht biologistisch bestimmt und lief auch nicht auf eine zwangsläufige Unterdrückung anderer Völker hinaus. Der Machtmensch Piłsudski war kein Zyniker,[29] sondern glaubte an die ordnende Kraft des Vergangenen und Polens sich daraus ergebende Stellung. Als dominierender Akteur zwischen Deutschland und Russland könne es kleinere Ethnien anleiten und gewissermaßen auf eine höhere Zivilisationsstufe heben.

Überlegenheitsgefühle gegenüber den Nachbarn waren damals bereits weit verbreitet. Als typisch können die Erinnerungen Wiktor Drymmers aus dem Polnisch-Sowjetischen Krieg gelten, damals Offizier der militärischen Aufklärung und später Diplomat. Er schrieb über die Menschen in Polesien, jenem riesigen, wenig bevölkerten Grenzgebiet zwischen dem heutigen Belarus und der Ukraine, das die Pripjet-Sümpfe dominieren: Sie

> hatten keinerlei Nationalgefühl. Sie sagten, dass sie hiesige seien und die hiesige Sprache (Weißrussisch) sprächen. Es war anders mit der vereinzelten lokalen Szlachta, dem niederen Landadel. Diese armen, ängstlichen, verzweifelten Weißruthenen sehnten sich nach der Gemeinschaft mit dem Polentum, das sie als ihre Heimat bezeichneten, selbst wenn sie die Sprache fast gar nicht sprachen. Mit den Bauern wollten sie sich nicht gemein machen, weil sie ‹Adel› seien. [...] Der Landadel war weder reicher noch gebildeter als der durchschnittliche Polesier, aber aus dem Gefühl der Zugehörigkeit zum Polentum gewann er persönlichen Stolz und Würde.[30]

Das war, jenseits der intensiv empfundenen historischen Verpflichtung, ein subjektiv wahrgenommener Grund für die polnischen Ansprüche im Osten: Demnach wünschten sich die Menschen die Rzeczpospolita – sie würden entweder polnisch oder national ganz indifferent denken, aber in keinem Fall ukrainisch, belarussisch oder russisch. Die Argumentation war nicht ganz von der Hand zu weisen: «Nationalismus» war eine Erfindung vor allem des 19. Jahrhunderts, etwas, das Intellektuelle und Bürger in den Städten favorisierten. Auf dem Land spielten derartige Sentiments lange keine Rolle, denn es gab Wichtigeres zu bedenken, etwa das Wetter, die Ernte, die Steuern – und ganz akut die Kriege und die mit ihnen gebrachten Zerstörungen, Elend und Tod.

Von diesem Sendungsglauben, diesen Wünschen und Vorstellungen ist die tatsächliche Politik zu trennen. Dessen war sich Piłsudski nur zu bewusst, und er zitierte gerne aus Goethes «Faust» den Satz: «Grau, teurer Freund, ist alle Theorie». Am Ende dominierte über seinen Romantizismus doch stets Pragmatismus. Er hat seine Ideen zu keinem Zeitpunkt in einem geschlossenen Konzept dargelegt, war also niemand, der einem ausformulierten Programm anhing. Seiner langfristigen Ziele und kurzfristigen Möglichkeiten war er sich stets bewusst, und solange sie nicht im Widerspruch zueinander standen, wählte er immer das Machbare. Und das war auch seine Einstellung zu Dmowskis ideologischem Gebäude – es sei nicht ganz schlecht, «falls sich keine anderen Möglichkeiten auftun».[31] Oder noch deutlicher, in einem Brief an seinen Vertrauten Leon Wasilewski im April 1919: «Ich möchte weder Imperialist noch Föderalist sein, solange ich nicht ernsthaft über diese Dinge sprechen kann – mit einem Revolver in meiner Tasche.»[32]

Zu dieser Realpolitik Piłsudskis gehörte untrennbar eine gewisse Furcht vor Russland oder vielmehr die Erkenntnis, dass Polen tendenziell die größere Gefahr aus dem Osten drohe. Sein Kampf gegen die Bolschewiki war daher nicht gegen deren Ideologie gerichtet, sondern eher gegen das Wiedererstarken des Moskauer Reichs, das in Ostmitteleuropa der einzige ernstzunehmende Rivale war. Es war ein Pragmatismus, den Piłsudski niemals verklärte – von einem Kampf für die Verteidigung westlicher Zivilisation gegen die kommunistischen Horden sprach vielleicht die Londoner «Times», nicht aber der Oberkommandierende in Warschau. Er wollte schlicht eine Region, in der Russland nicht dominierte – ob das nun ein «weißes», «rotes» oder auch ein demokratisches Russland war, spielte für Piłsudski keine Rolle.[33]

Konsequenterweise betonte die polnische Diplomatie immer wieder, sich nicht in innerrussische Angelegenheiten einmischen zu wollen; man kämpfte gegen einen historischen Gegner, nicht gegen ein politisches System. Einmal mehr dominierte also die Geschichte die Interpretation der Gegenwart. Das wiederum konnte und wollte Lenin erst im November 1920 anerkennen, wobei er nach wie vor einen überkommenen, überlebten Imperialismus in Warschau verdammte.[34] Doch dort herrschte allenfalls ein geopolitisches Kalkül vor, wonach jeder Verbündete gegen Russland hilfreich sein würde, und ein Puffer gegen dieses Reich noch viel mehr. Und wenn Litauen oder die Ukraine schon nicht zu Polen gehören wollten, dann dürften sie zumindest nicht an Moskau fallen. Das war es, was Piłsudski als Grundüberlegung antrieb.

Doch außenpolitische Erfolge blieben rar und gründeten fast ausschließlich auf Waffengewalt. Ein gutes Verhältnis pflegte Polen in jenen Jahren nach dem Ersten Weltkrieg vor allem zu Lettland: Der General Edward Rydz-Śmigły vertrieb am 21. Januar 1920 mit der 1. und 3. polnischen Division nach zweiwöchigen Kämpfen die Rote Armee aus der Stadt Dünaburg[35] und übergab sie anschließend an den lettischen Staat, der vorher offiziell um Hilfe gebeten hatte. Gute Beziehungen bestanden noch zu Finnland, aber mangels einer gemeinsamen Grenze ließ sich daraus wenig Vorteil gegen die Bolschewiki ziehen. Im Südosten zeigte Rumänien kein Interesse an einem Krieg gegen Moskau und führte stattdessen einen gegen Ungarn. Bei den Nationalbewegungen im Kaukasus sondierten die Polen ebenfalls nach eventuellen Gemeinsamkeiten, aber diese kurzlebigen Projekte unterlagen bald den von Moskau entsandten Truppen und schieden so als Partner aus.

In der östlichen Ukraine hätte Nestor Machno mit seiner anarchistischen Bewegung ein potentieller Verbündeter sein können, denn er kämpfte zeitweise recht erfolgreich gegen «Weiße» und

«Rote». Aber seine mehrfachen Seitenwechsel und sein Rückhalt in der Landbevölkerung ließen ihn zu einer Art Rätsel werden, zu jemandem, den man weder verstehen noch dem man vertrauen könne – weshalb Polen keine Emissäre zu ihm sandte. Einfacher, weil direkter, war die Sache in Belarus, denn in Minsk waren polnische Truppen am 8. August 1919 als Befreier von der sowjetischen Herrschaft eingezogen. Bei einem Treffen mit dortigen Honoratioren einen guten Monat später sprach Piłsudski in eher unkonkreten Worten von der Möglichkeit einer Föderation mit Weißrussland, wobei zunächst allerdings ein entsprechender Staat gegründet werden müsse. Wirklich überzeugt davon war er allerdings nicht, denn gegenüber seinem Freund Leon Wasilewski äußerte er im Dezember:

> Ein Weißrussland ist noch völlig unvorbereitet, und es ist gerade schwierig mit der weißrussischen Frage, weil sie anderen, wichtigeren Dingen im Wege steht. Wir müssen Präzedenzen schaffen und auf ein besseres Klima hoffen, um Polen ein weißrussisches Piemont zu ermöglichen.[36]

Piłsudski stand mit seinen Zweifeln an einer weißrussischen Nation nicht alleine. Was der oben zitierte Wiktor Drymmer über Polesien geschrieben hatte, bezog sich auf die Menschen des heutigen Belarus – und war weitgehend Konsens in Polen. Zwar hatte Deutschland während des Ersten Weltkriegs erlaubt, in Minsk die Weißruthenische Volksrepublik zu proklamieren. Aber die Entente wollte deren Gebiete nicht von Russland wegnehmen, zumindest solange sie noch von einer Niederlage der Bolschewiki im Bürgerkrieg ausging. Und Piłsudski wiederum wollte deswegen nicht noch größere Verstimmungen mit dem Westen provozieren. Er sah zwar das von Polen eroberte Minsk als Zentrum eines künftigen Weißrussland, aber westlich davon nur polnische Territorien. Im Osten der potentiellen Hauptstadt hatte er jedoch mangels militärischer Erfolge nichts zu verteilen. Und abgesehen davon war er sowieso nicht willens, der lokalen Regierung, die wenige Monate zuvor vor der Roten Armee hatte fliehen müssen, mehr als nur Einfluss in der Kulturpolitik zu gewähren: Beispielsweise gab es Geld für weißrussische Schulen, allerdings nur in Minsk und Umgebung, nicht jedoch in Grodno oder Wilna – in Städten, die die belarussischen Politiker, wie Litauer und Polen, als genuin nationales Territorium betrachteten.

Es waren nicht unbedingt Bedingungen, unter denen Polen die Herzen der Bevölkerung zuflogen. Als im November 1919 ein vorläufiges Parlament gewählt wurde, gewannen die Unabhängigkeitsbefürworter und das russische Lager, während der erhoffte Sieg der polnischen Seite ausblieb. Warschau reagierte mit Verhaftungen und versuchte, seinen Anspruch mittels einer Volkszählung zu begründen. Doch deren Ergebnisse trugen nicht dazu bei, eine polnische Oberhoheit zu legitimieren, obwohl man den Bezirk Minsk mit dem von Brest-Litowsk zusammenlegte, wo es deutlich mehr polnische Einwohner gab. Trotzdem verstanden sich 42,9 Prozent der Menschen als Weißrussen und nur 32,7 Prozent als Polen; 10,2 Prozent waren Juden, 5,7 Prozent Russen, drei Prozent Litauer, und fünf Prozent bezeichneten sich als «Hiesige».[37]

Die Kresy waren ethnisch heterogen und machten eindeutige nationale Festlegungen beinahe unmöglich. Das war auch der Grund, warum der Geschichte eine so wichtige Rolle zukam – und zwar nicht nur in Polen. Litauen argumentierte beispielsweise in Bezug auf die Region um Wilna, aber auch in Hinblick auf weite Teile des heutige Belarus, dass diese zu Zeiten der Rzeczpospolita im 17. Jahrhundert zur litauischen Reichshälfte gehört hatten und sukzessive polonisiert worden seien. Bereits das sei ein unfreundlicher und unnötiger Akt gewesen, und man dürfe deshalb bei der Zuschreibung nationaler Kategorien nicht nach der Muttersprache fragen; rein historisch seien die Menschen ganz eindeutig Litauer.[38]

Mit der Geschichte argumentierten die Nationalbewegungen Ostmitteleuropas ebenso wie die Marxisten in Moskau. Jeder beanspruchte für sich die einzig wahre Interpretation und die Deutungshoheit. Bei den Kommunisten leitete sich aus der Vergangenheit die künftige Entwicklung als unmittelbares Gesetz ab, und das bedeutete Revolution und Sozialismus. Für nichtkommunistische Politiker war lange vergangener Besitz – in seiner maximalen Ausdehnung – gleichbedeutend mit aktuellen territorialen Anrechten. Bei aller gemeinsamen Angst vor Russland schloss das Bündnisse aus, denn Forderungen überlappten sich genauso wie Siedlungsgebiete und Identitäten. Józef Piłsudski hatte das früh begriffen und nutzte die Armee, um Fakten zu schaffen. Dank seiner militärischen Stärke dominierte Polen die Staaten zwischen Deutschland und Russland. Gleichzeitig hoffte man in Warschau darauf, doch noch irgendwo Verbündete für die weitere Auseinandersetzung mit den Bolschewiki zu finden. Überraschenderweise sollte sich ausgerechnet in der Ukraine eine Partnerschaft ergeben.

4. Die Ukraine: Aufgerieben zwischen Polen und Russland

Im Frühjahr 1920 hatte Józef Piłsudski viele seiner Träume bereits wahr werden sehen: Neben Wilna und Minsk im Norden eroberten polnische Truppen im Osten Lemberg und Chełm sowie bis zum 18. Juli 1919 ganz Galizien. Angesichts steigender Gegenwehr hatte Piłsudski an dieser Front den Oberbefehl übernommen und konnte die westukrainischen Truppen bis hinter den Sbrutsch zurückdrängen, auf Gebiet, das die Zentralukraine in Kiew beanspruchte, mit der Polen nicht im Krieg stand. Es war ein weiterer beeindruckender Sieg zu Lasten eines Nachbarn. Er hatte etwa 25 000 Tote gekostet, rund 10 000 auf polnischer Seite, 15 000 bei den Ukrainern.[1]

Der ukrainische Staatsbildungsprozess war damit an einem ersten Tiefpunkt angekommen. Seit der Gründung der Zentralrada in Kiew am 17. März 1917, nur zwei Tage nach der Abdankung des Zaren in St. Petersburg, hatten Politiker verschiedene Schritte in Richtung Unabhängigkeit unternommen, dabei aber immer wieder Rückschläge einstecken müssen. Die Proklamation der Ukrainischen Volksrepublik am 20. November 1917 war ein deutliches Signal an Russland gewesen – und dessen Reaktion erfolgte prompt: Die Bolschewiki gründeten die Ukrainische Sozialistische Sowjetrepublik und erklärten Kiew den Krieg. Militärische Erfolge stellten sich schnell ein, und nur eine Kooperation der Rada mit den Mittelmächten sicherte ihr vorläufiges Überleben.[2]

Die größte Schwierigkeit bestand für die Propagandisten der Eigenständigkeit darin, nationale ukrainische Besonderheiten im Unterschied zu Russland zu benennen. Dmytro Donzow, der einflussreichste Ideologe des ukrainischen Nationalismus jener Zeit, gab dafür die entscheidenden Stichworte. Er stammte aus dem Osten des Landes, war vor Kriegsbeginn in St. Petersburg politisch aktiv, wurde als Sozialist verfolgt und veröffentlichte seine wichtigsten Schriften 1915 bezeichnenderweise auf Deutsch und mit wohlwollender Zustimmung der Mittelmächte. Berlin und Wien ging es um eine Revolutionierung des Kriegsgegners, Donzow hingegen um eigenständige Ukrainer. Deren hervorstechende Differenz zu den Russen sei psychologischer Natur, denn sie seien Europäer – und keine von buddhistischen Einflüssen geprägten Orientalen wie ihre östlichen Nachbarn.[3] Und weil die ukrainische Identität demnach stets die Abwehr gegen die russischen, asiatischen Horden verlange, stelle der Bolschewismus nur den gewissermaßen nächsten logischen Schritt der «Entwicklung» Russlands dar.

Donzow argumentierte damit nicht grundlegend anders als viele polnische Nationalisten, wobei diese die Ukrainer noch stets dem «Osten» zuschlugen und schon alleine deshalb als Feinde ansahen.[4] Doch die historischen Verbindungen der Ukraine zu Polen waren stark, wenn auch von ungleichen Machtverhältnissen geprägt. Selbst nach den Teilungen der Rzeczpospolita blieben in der nun russischen Ukraine die meisten Grundbesitzer westlich des Dnjepr katholisch und pflegten ihre angestammte polnische Kultur, was den griechisch-katholischen Bauern entsprechende Anpassungsleistungen abverlangte und bereits im 18. Jahrhundert zu blutigen Aufständen der sogenannten Hajdamaken geführt hatte. In diesen Gegenden taten sich die Intellektuellen, die Ende des 19. Jahrhunderts eine ukrainische Nationalität propagierten, am schwersten. Im Osten konnten sie an das historische Vorbild der Kosaken als freie und unabhängige Landbesitzer anknüpfen und es als Modell für künftige Entwicklungen preisen. Gerade weil sich die Kosaken lange gegen die russische Oberhoheit gewehrt hatten, galten sie als Inbegriff «ukrainischer» Tugenden. Ihr Freiheitsdrang machte sie gleichwohl auch für die Polen attraktiv, die die Ukrainer dennoch meist nur «als regionale Variante ihrer eigenen Nation»[5] betrachteten und so ihre territorialen Ansprüche legitimierten – genauso, wie es im Russischen Reich üblich war.

Dmytro Donzow reagierte auf die vielschichtige Diskussion mit Pragmatismus: Dem Ziel der einen, unabhängigen Ukraine müsse sich alles andere unterordnen. Bündnisse seien mit ausnahmslos jedem Gegner Russlands möglich, solange sie nur den eigenen Zielen dienten.[6] Das Bündnis mit den Mittelmächten erfuhr so seine Rechtfertigung, weshalb es nur konsequent war, dass Donzow als Chef der regierungsamtlichen Nachrichtenagentur der Rada amtierte. Doch nach der Niederlage Deutschlands und Österreich-Ungarns im Ersten Weltkrieg fehlte dem von ihnen gestützten Machthaber Pavlo Skoropads'kyj der Rückhalt, um sich behaupten zu können. Der ehemalige General und Großgrundbesitzer genoss kaum Sympathien in der Bevölkerung und konnte gegen den Widerstand seiner wenigen Anhänger keine Landreformen für die bäuerliche Masse der Bevölkerung durchsetzen. Weil von den 17 Millionen Ukrainern (bei 6,5 Millionen Angehörigen anderer Minderheiten) nur rund sechs Prozent in Städten lebten, in denen wiederum Juden und Russen jeweils ein Drittel der Bevölkerung ausmachten,[7] blieb seine Machtbasis fragil.

Seine Nachfolger Volodymyr Vynnycenko und Symon Petljura, selbst Mitglieder im sogenannten Direktorium, konspirierten offen und unbehelligt gegen ihn. Ersterer stand als Innenpolitiker für sozialrevolutionäre Ideen und Letzterer als Heerführer für Nationaldemokratie. Beide setzten auf die große Unzufriedenheit in der Bevölkerung, die unisono Skoropads'kyjs Politik ablehnte, und putschten im November 1918.[8] Anstatt mit hehren Versprechungen einer Nation, für die sich nur wenige Bauern erwärmen konnten, warben sie mit Umverteilung von Land und weniger Ungleichheit. Dennoch gelang es ihnen nicht, die Menschen zu überzeugen, denn sie verfügten weder im Inneren noch nach außen über Möglichkeiten, ihre Ankündigungen wahr zu machen. Zur distanzierten Landbevölkerung traten die Städte, die meist offen mit den «Weißen» oder den Bolschewiki sympathisierten. Zugleich stritt sich die politische Elite in Kiew darüber, ob eine «Diktatur der arbeitenden Bauernschaft», eine offene Militärdiktatur oder eine Räterepublik zu bevorzugen sei.[9] Der Aufbau staatlicher Strukturen blieb daher fragmentarisch und unsystematisch, zumal Kiew im Unterschied zu Polen nicht auf ein während des Ersten Weltkriegs durch Besatzer geschaffenes Organisationsgefüge zurückgreifen konnte.

Zusätzlich zu dieser inneren Zerrissenheit musste die Regierung häufige Frontwechsel ihrer Kommandeure hinnehmen – die Atamane waren meist ausschließlich an ihrem persönlichen Vorteil interessiert. Deshalb gelang es nur selten, den Vormarsch der Sowjets aufzuhalten. Diesen fiel Kiew bereits im Februar 1919 in die Hände – das Direktorium floh nach Schytomyr und musste sich auf Gebiete westlich des Dnjepr beschränken. Das Territorium östlich des Flusses war verloren, dort standen sich «Weiße» und «Rote» in einem mit exzessiver Brutalität geführten Krieg gegenüber und schlugen beziehungsweise verbündeten sich zudem mit zahlreichen lokalen Machthabern wie Nestor Machno.[10]

Noch weniger erfolgreich verlief die Geschichte der Westukrainischen Republik unter ihrem De-facto-Staatsoberhaupt Jewhen Petruschewytsch. Sie war im vormals habsburgischen Galizien entstanden und blickte auf eine Nationalisierung zurück, die sich von der Zentralukraine gravierend unterschied. Zum einen lag das an den Partizipationsmöglichkeiten der ukrainischen Bevölkerung in der Donaumonarchie. Sie trat zwar hinter die polnische Bevölkerungsgruppe zurück, die in Galizien deshalb die Staatsgeschäfte bestimmte und die dort Ruthenen genannte Landbevölkerung ökonomisch dominierte. Aber Letztere waren als Nation anerkannt, sie konnten gesellschaftliche Strukturen und politische Organisationen etablieren. Zum anderen fanden die galizischen Ukrainer in ihrer angestammten griechisch-katholischen Kirche den zentralen Träger kultureller und sprachlicher Identität. Im Gegensatz zu dieser mit Rom unierten Glaubensgemeinschaft war der Klerus im Russischen Reich – und damit auch in der Zentralukraine – in die orthodoxe Staatskirche zwangsweise eingegliedert worden.[11]

Die Ruthenen in Ostgalizien hatten sich mindestens seit der Jahrhundertwende stark als Bewahrer habsburgischer Herrschaft hervorgetan – im Unterschied zu den Polen, die immer mehr auf Eigenständigkeit und Unabhängigkeit drängten. Die österreichischen Behörden übergaben die Regierung deshalb im Herbst 1918 an ruthenische Politiker um Petruschewytsch, zumal von fast fünf Millionen Einwohnern des Kronlands über drei Millionen Ukrainer waren, nur 1,1 Millionen Polen und 620000 Juden.[12] Innerhalb kurzer Zeit war eine ukrainische Armee mobilisiert, die allerdings gegen die weit überlegenen polnischen Truppen wenig ausrichten konnte.[13]

Die Erfahrungen des Weltkriegs, in dem Ukrainer wie Polen auf beiden Seiten gestanden und quasi einen Bruderkrieg ausgefochten hatten, wirkten noch lange nach. Und sie setzten sich auf eine gewisse Weise mit den drei ukrainischen Staatsbildungen in Charkiv, Kiew und Lemberg fort: Die Konflikte verliefen nicht nur zwischen Bolschewiki und Nationalisten, denn auch die West- und Zentralukraine unterschieden sich grundlegend. Die Ukrainer im habsburgischen Galizien zeigten sich politisch eher konservativ und taten sich schwer mit der sozialrevolutionären Kosakenverherrlichung in Kiew. Andererseits verbündeten sie sich nach dem Motto: «Der Feind meines Feindes ist mein Freund» sogar mit den Bolschewiki, weil jene ebenfalls gegen Polen kämpften. Diese Verzweiflungstat brüskierte freilich die Zentralukraine, die mit Moskau in einem Kampf um Leben und Tod stand. Die Losung nur eines einzigen ukrainischen Staates gab es angesichts wachsender feindlicher Bedrängung deshalb erst seit Januar 1919, doch zu einer formalen Vereinigung kam es wegen des polnischen Sieges in Galizien nicht mehr.

Dem Westen fehlte es an Verständnis für die komplizierte Lage in jenem Land zwischen Polen und Russland mit seinen drei konkurrierenden Staatsentwürfen. Ukrainische Exilanten waren als Lobbyisten längst nicht so erfolgreich wie die Polen, weshalb viele Vertreter der Entente sogar eine eigenständige ukrainische Nationalität bezweifelten. Skepsis erregte insbesondere die Zusammenarbeit der Rada mit den Mittelmächten 1918. Auch deshalb gelang es Roman Dmowski in Paris, seine Heimat als einzigen möglichen französischen Verbündeten in Ostmitteleuropa zu etablieren. Eine entscheidende Folge dessen war, dass nur Polen 1919 als eine der «alliierten und assoziierten Mächte» zur Versailler Friedenskonferenz eingeladen wurde, während der Ukraine ein entsprechender Status versagt blieb.[14]

Außerdem galt die Regierung von Vynnycenko und Petljura in Frankreich als halbbolschewistisch und insofern wenig vertrauenswürdig. Der Quai d'Orsay hatte sich Russland in die zwei Arbeitsgebiete Nord und Süd eingeteilt und wollte so zugleich Kontakte zu Lenin aufrechterhalten und antisowjetisch agieren.

Außerdem waren England und Frankreich bereits vor Ende des Ersten Weltkriegs, im Herbst 1918, über Interessenssphären im ehemaligen Zarenreich übereingekommen: Frankreich sollte unter anderem für die Ukraine, Bessarabien und die Krim zuständig sein, während England den Kaukasus bekam.[15] Von David Lloyd George stammt der ebenso ignorante wie tragische Ausspruch: «Ich habe nur einmal einen Ukrainer getroffen. Es war der letzte Ukrainer, den ich getroffen habe, und ich bin nicht sicher, dass ich noch einen treffen möchte.»[16]

Ernsthafte Unterstützung konnten die Ukrainer daher nicht erwarten. Großbritannien war vor allem an Getreidelieferungen aus dem Land interessiert, Frankreich an einer Art Protektorat. In gemeinsamen Verhandlungen mit Denikin auf der Krim nötigte die Entente der Zentralukraine eine ausländische Kontrolle über das Bahnnetz sowie die finanziellen Angelegenheiten des Landes ab. Im Gegenzug garantierte sie weder eine unabhängige Ukraine noch erkannte sie das Direktorium als deren Regierung an, sondern wollte lediglich auf die «Weißen» mäßigend einwirken. Diese waren der Hauptadressat des Westens, sein wichtigster Trumpf im Kampf gegen die Bolschewiki und der beinahe ausschließliche Empfänger von militärischen Gütern. Und dennoch: Denikin empfand selbst diese Politik als Zumutung und alleine die Anwesenheit von ukrainischen Vertretern am Verhandlungstisch als unerträglich.[17]

Waffen erhielten die ukrainischen Irredentisten dementsprechend nur ganz wenige. Und Denikins Ziel blieb das ungeteilte Russland – worin er sich mit den Bolschewiki genauso einig sah wie mit den Ententemächten. Außerdem berichteten italienische und französische Emissäre, dass die Ukrainer ihre Waffen nicht nur gegen die Kommunisten, sondern auch gegen Polen einsetzen würden, was den Alliierten ebenfalls missfiel. Sie fürchteten zudem noch 1919 einerseits ein neues Bündnis der Zentralukraine mit Deutschland und andererseits eine Bolschewisierung Galiziens, weil die Westukraine mit Moskau verbündet war – was Polen wiederum nutzte, um sich als Garant gegen derartige Entwicklungen zu positionieren.

Auf außenpolitischem Gebiet konnte sich Kiew deshalb nur selten gegen Warschau behaupten, etwa mit der Erklärung, dass Ostgalizien nach dem Willen von England und Frankreich vollständig an die Ukraine fallen solle. Und tatsächlich favorisierte die Entente eine Neutralisierung des umstrittenen Gebiets und wollte es unter eigene Verwaltung stellen, um Auseinandersetzungen zwischen den beiden antibolschewistischen Gegnern zu verhindern.[18] Das führte zu einigen Verwicklungen auf diplomatischen Parkett, etwa bei einem Ball des britischen Gesandten Horace Rumbold in Warschau. Als die Musiker aufspielten, blieben alle Polen sitzen und weigerten sich zu tanzen. «Wie können wir tanzen, wenn ihr uns Ostgalizien wegnehmt?», lautete die rhetorische Frage an den Gastgeber.[19]

Mindestens zeitweise war eine neutrale Verwaltung des umstrittenen Gebiets sogar eine von Piłsudski ins Spiel gebrachte Möglichkeit, die er im Januar 1919 ventilierte, als die polnischen Truppen im Südosten auf erbitterten Widerstand stießen und dringend eine Pause benötigten.[20] Nachdem er wenig später wieder in die Offensive gehen konnte und sehr schnell einen vollständigen Sieg über die Westukrainische Republik erreichte, erwähnte er diesen rein taktischen Vorschlag nicht mehr. Erneut bevorzugte es Piłsudski, Tatsachen zu schaffen, wenn sich dafür eine Möglichkeit ergab.

Glattbügeln mussten derartige Schritte sowieso andere. Bei den Versailler Friedensverhandlungen erkannte Ignacy Paderewski die ukrainische Bevölkerungsmehrheit in Ostgalizien zwar offen an, argumentierte aber gleichzeitig mit der Hauptstadt Lemberg, auf die Polen keinesfalls verzichten und die nicht exterritorial sein könne. Es war nicht das, was die Alliierten hören wollten, aber letztendlich war Galizien für sie wenig relevant. Lloyd George gab sich verärgert, doch mehr als markige Worte fand er nicht: «Wir haben die Polen befreit, die Tschechoslowaken, die Jugoslawen, und heute haben wir allen Ärger der Welt damit, sie davon abzuhalten, andere Rassen zu unterdrücken. [...] Ich finde sie imperialistischer als die großen Nationen selbst.»[21]

Für Symon Petljura, der sich im Februar 1919 zum Alleinherrscher der Zentralukraine gemacht hatte, war die Ostgalizien-Frage nicht so relevant wie sein eigenes politisches Überleben. Wenig schien den 1879 in Poltawa geborenen Oberkommandierenden für seine späteren Laufbahn zu qualifizieren: Er hatte vor 1914 als Journalist in Kiew, Lemberg, Moskau und St. Petersburg gearbeitet, wo er langsam eine nationale Identität entwickelte und auch formulierte. Sein Geschick im Umgang mit Worten und eine rednerische Begabung machten ihn zum Anführer, aber eine militärische Ausbildung besaß er nicht.[22] Darin ähnelte er Piłsudski, der aber während des Weltkriegs immerhin praktische Erfahrung gesammelt hatte; er ähnelte aber noch viel mehr dem gleichaltrigen Leo Trotzki, ebenfalls Journalist, hervorragender Redner und autodidaktischer Heerführer. Mit Piłsudski sollte sich Petljura verbünden, aber trotz dessen Hilfe den Krieg gegen Trotzki und Russland verlieren.

Erstmals hatte Petljura in Polen Anfang 1919 die Möglichkeiten einer Kooperation sondiert. Er drängte Petruschewytsch in der Westukraine zu einer Verständigung, an der jedoch Polen nicht interessiert war, und versagte ihm finanzielle Unterstützung. Nicht zuletzt war es Petljuras Anspruch, Staatsoberhaupt eines vereinigten Landes zu sein. Doch ein Zusammenschluss war schon deshalb nicht realistisch, weil Politiker auf beiden Seiten ungerne auf ihre Posten verzichten wollten, die sich dann entsprechend reduziert hätten. Auch vor diesem Hintergrund verhandelte Petruschewytsch noch im Juli 1919, als die Niederlage gegen Polen schon feststand, mit den Bolschewiki. Aber als diese auf einem Bruch mit der Zentralukraine bestanden, verzichtete er auf eine Vereinigung mit Sowjetrussland – weniger aus Loyalität gegenüber Petljura als vielmehr aus Zweifeln an Moskaus Aufrichtigkeit.[23]

Zentralukrainische Einheiten waren im Frühjahr 1919 in Wolhynien immer wieder in Gefechte mit der polnischen Armee verwickelt, aber es kam nie zu einer offiziellen Kriegserklärung. Einen ersten Waffenstillstand gab es am 24. Mai 1919, weil Petljura angesichts des Verlusts von Kiew mit dem Rücken zur Wand stand. Er war bereit, auf Ostgalizien zu verzichten und den Fluss Stryj als Grenze anzuerkennen, was allgemein als eine Kapitulation vor den polnischen Forderungen angesehen wurde.[24] Die Westukrainer lehnten diesen Vertrag ebenso ab wie einen erneuten Versuch knapp einen Monat später, denn die Unterzeichnung hätte ihr Territorium schlicht komplett Polen zugeschlagen.

Das geschah dann auf militärischem Wege: Die polnische Offensive war unaufhaltsam. Rund 20 000 westukrainische Soldaten flüchteten nach Osten in die Reihen der Zentralukraine. Doch selbst zusammen hatten die beiden Staaten keine besonders beeindruckende Streitmacht, zumal sich diese uneinig zeigte und gegenseitig Leute abzuwerben suchte. Noch schlimmer war freilich der Mangel an Ausrüstungsgegenständen. Da Denikins Konterrevolutionäre im Sommer 1919 gegen die Rote Armee von Sieg zu Sieg eilten, gelang ukrainischen Einheiten am 30. August immerhin die Rückeroberung Kiews – allerdings mussten sie die Stadt nur einen Tag später an Denikin übergeben. Dahinter stand die Absicht, den «weißen» General trotz aller großrussischen Ambitionen von einem Bündnis zu überzeugen.[25]

Die grundlegenden Differenzen blieben bestehen. Schon vorher war es deshalb immer wieder zu Gefechten zwischen «Weißen» und Ukrainern gekommen. Im September 1919 jedoch erklärte man sich formal den Krieg. Petljura verbündete sich gegen Denikin sogar kurzfristig mit den Bolschewiki, was diesen außenpolitisch in die Hände spielte, weil es die Ukrainer einmal mehr in den Augen der Entente kompromittierte.[26] Für den Krieg blieb diese Ranküne letztlich ohne Relevanz, da die ukrainischen Truppen dem Gegner meist sowieso nur auswichen und einen Kampf zu vermeiden suchten. Sie konnten ihren Feinden kaum etwas entgegensetzen. Petljuras Soldaten waren militärisch wenig zu gebrauchen; sie plünderten, desertierten zu Hunderten und machten Schlagzeilen viel eher mit ungezählten Pogromen gegen die jüdische Bevölkerung als mit Siegen auf dem Schlachtfeld. Nicht zuletzt wegen der mangelnden Disziplin seiner Truppen gilt Petljura als schwacher Herrscher, dessen Generäle ihm längst nicht immer folgten und häufig ihre eigene Politik machten. Er blieb weitgehend ohne echte Autorität und war in dieser Hinsicht die passende Symbolfigur einer uneinigen und wenig schlagkräftigen Nationalbewegung.[27]

Aktivitäten entfaltete Petljura im Spätsommer 1919 vor allem auf diplomatischem Gebiet. Er nahm erneute Verhandlungen mit Polen auf und schrieb an Piłsudski:

> Die ukrainische Nation im Kampf gegen den Feind menschlicher Kultur und nationaler Staatlichkeit hat umso mehr das Recht auf Sympathie und Hilfe von seinen nächsten Nachbarn, als wir das Heimatland gegen die Vergewaltiger-Eindringlinge verteidigen, die der Ukraine einen ihr fremden Kommunismus auferlegen wollen; wir betreten nicht den Weg des weißen Terrors, sondern schreiten unter dem Slogan einer breiten Demokratie und nationaler Schaffenskraft, die Sie so hervorragend in Polen vertreten.[28]

Am 1. September gab es endlich einen Waffenstillstand mit Polen. Für Warschau waren die Bedingungen überaus vorteilhaft. Piłsudski sah alle seine Wünsche erfüllt und musste keinerlei Verpflichtungen eingehen. In Verhandlungen mit Moskau im Oktober 1919 forderten die Polen immerhin, dass die Bolschewiki ihre Angriffe auf Petljura einstellen. Das war zuvorderst Eigeninteresse, denn so hätte die Zentralukraine die Funktion eines Puffers zwischen den beiden Kriegsparteien einnehmen können. Es ging aber auch um Bündnistreue, weil Piłsudski seinen einzigen Alliierten nicht verlieren wollte.

Allerdings sah Lenin keinen Grund, warum er Zugeständnisse machen und eine unabhängige Ukraine anerkennen sollte. Moskau hatte schon im Juli die Truppen der bolschewistischen Ostukraine in die Rote Armee eingegliedert und damit diesem Marionettenstaat endgültig jegliche Geschäftsgrundlage entzogen. Und die Auseinandersetzungen in der Ukraine verliefen immer mehr nach den Wünschen Lenins: Im Dezember 1919 besetzten sowjetische Truppen einmal mehr Kiew und zerschlugen Denikins Formationen, die sich in rasender Flucht auf die Krim zurückzogen. Die Ost- und die Zentralukraine waren gegen Jahresende fest in Moskauer Händen. Warschaus Reaktion auf diese Entwicklung ließ nichts an Deutlichkeit vermissen: Man brach die Gespräche mit Russland ab.[29]

Kurz zuvor war der Waffenstillstand zwischen Polen und Ukrainern ausgelaufen. Letztere konnten an ein Weiterkämpfen nicht denken, ihre Situation war desolat und Piłsudski ein weiteres Mal in einer komfortablen Lage. Verhandlungen mit Vertretern der Westukraine lehnte er rundweg ab, weil Ostgalizien integraler Bestandteil des eigenen Staates sei – er könne nicht Diplomaten eines Landes anerkennen, das es nur gäbe, wenn das eigene unterginge. Petljuras Delegation musste deshalb die unangenehme Debatte führen, ob sie Ostgalizien aufgeben könne. Es stand also nationale Selbstaufgabe gegen den möglichen Untergang. Mit fünf gegen vier Stimmen gab es zunächst eine knappe Mehrheit für ein Festhalten am territorialen Anspruch. Doch dann erreichte die Delegation die Nachricht, dass die ostgalizische Armee zu Denikin übergetreten war. Der geschwächte Konterrevolutionär bestand nach wie vor auf einem ungeteilten Russland, wollte die westukrainischen Soldaten nach Hause schicken und die zentralukrainischen für sein eigenes Heer rekrutieren. Petruschewytsch unterzeichnete dennoch ein Abkommen mit ihm, paradoxerweise deshalb, weil er an eine Niederlage Denikins glaubte. Aber die Kooperation sollte das Wohlwollen der Entente sichern, von der er sich wiederum so viel Druck auf Polen erhoffte, dass Ostgalizien doch noch als eigenständiger Staat entstehen könne.[30]

Den Zentralukrainern war der Verrat an der nationalen Sache erspart geblieben – auf andere Weise hatte ihn Petruschewytsch selbst begangen. Er musste mit seiner Regierung im November 1919 nach Rumänien fliehen. Die zentralukrainischen Vertreter konnten nun alleine mit Polen ein Bündnis aushandeln. Petljuras Machtbereich war inzwischen allerdings auf drei Eisenbahnstationen geschrumpft, was seine Position nicht eben verbesserte. Er musste annehmen, was ihm Warschau anbot: das Versprechen, in Kiew wieder an die Macht zu gelangen, für den Verzicht auf Ostgalizien und Wolhynien, die beide inzwischen von Polen besetzt waren. Diese Warschauer Erklärung vom 2. Dezember 1919 galt insbesondere bei den Lemberger Ukrainern als ein unrechtmäßiges Diktat, führte aber auch in Petljuras eigenem Lager zu erneuten Abspaltungen. Piłsudski zeigte sich wenig sensibel gegenüber seinen neuen Juniorpartnern und beschied ihnen, sie sollten endlich Realitäten anerkennen und die Dinge so nehmen, wie sie seien – nicht, wie sie sie haben wollten.[31]

Das Abkommen war immerhin so bedeutsam, dass Moskau die Eingliederung der Ukraine nach Russland stoppte, weil sich dies propagandistisch kaum vertreten ließ – die konkurrierenden ukrainischen Nationalisten mochten zwar nicht gefährlich sein, aber ihr polnischer Partner war es durchaus. Es erschien besser, zumindest den Anschein einer eigenständigen Ukraine zu erwecken.[32] Genau dies hatte Piłsudski versprochen, was ihm wiederum die Kritik der Nationaldemokraten zu Hause einbrachte, die es als Verzicht auf polnische Gebiete betrachteten. Die Allianz mit Petljura schien für diese Konzession viel zu unbedeutend, unterstellten sich doch lediglich 6100 Soldaten dem Warschauer Oberkommando und begaben sich hinter die schützenden Linien der Polen. Immerhin hatten sie selbst für ihre Ausrüstung zu sorgen – was freilich bedeutete, dass diese vollkommen unzureichend blieb und die Ukrainer auch in den kommenden Auseinandersetzungen keine militärische Relevanz erlangten.[33]

Und egal was Dmowskis Leute sagten, Piłsudski sicherte die Ukraine für Polen. Gerade im Pakt mit dem schwachen Petljura sei sie ein «Gebiet ökonomischer und kultureller Expansion» und werde, wie die Tageszeitung «Gazeta Warszawska» kommentierte, «eine an die strengen Einflüsse der Freundschaft gebundene Kolonie, in der Millionen Polen Felder für die Arbeit finden können».[34] In Warschau musste Piłsudski dennoch nicht nur die Kritik von Dmowskis Nationaldemokraten erdulden, sondern auch die der Sozialisten. Das Bündnis mit den Ukrainern fanden sie zwar gut, aber einen Krieg gegen die Bolschewiki lehnten sie aus internationaler Solidarität ab. Sogar unter den Militärs gab es Anhänger eines Friedens mit Russland. Der General Tadeusz Rozwadowski, der in jenen Monaten in diplomatischer Mission unterwegs war, sah noch im Februar 1920 einen Friedenswillen in Moskau.[35]

Die angemahnten Verhandlungen mit dem russischen Gegner hatte Piłsudski im Januar 1920 halbherzig wieder aufgenommen. Er sprach außerdem mit Vertretern des exilierten Russischen

Nationalkomitees. Die Sozialrevolutionäre Boris Sawinkow und Nikolaj Tschaikowski fühlten sich geehrt, wollten der Ukraine aber auch nur Autonomie, jedoch keine Unabhängigkeit zugestehen. Das schwächte Petljuras Position zusätzlich, und in Gesprächen mit polnischen Vertretern im März und April 1920 konnte er keinerlei territoriale Zugeständnisse durchsetzen; was Polen erobert hatte, sollte polnisch bleiben. Die Ukrainer waren erbost, aber einmal mehr machtlos.[36] Gegenüber Isaak Mazepa, dem Präsidenten des Ministerrats der Ukrainischen Volksrepublik, argumentierte Piłsudski:

> Ich sehe diese Sache nicht so pessimistisch. [...] Überhaupt müssen wir das Warschauer Abkommen wie einen vorläufigen Ausweg aus einer schwierigen Situation ansehen. Auf irgendeine Weise müssen wir unsere Kräfte verstärken, um den Kampf gegen unseren Hauptfeind – Moskau – weiterzuführen.[37]

Immerhin hatten Ende 1919 auch die Alliierten im Westen erkannt, dass die Bolschewiki den russischen Bürgerkrieg gewinnen würden. Sie wollten daher Polen als einzigen ernstzunehmenden Gegner Lenins stärken und waren bereit, auf die Existenz einer oder mehrerer Ukrainen zu verzichten. Ostgalizien, das sie nicht kontrollierten, gestanden sie am 21. November 1919 Polen als Völkerbundsmandat zu, allerdings noch mit der Maßgabe, nach 25 Jahren ein Volksabstimmung über die endgültige Zugehörigkeit durchzuführen. Für Warschau war selbst diese Lösung nicht annehmbar, lediglich die vollständige Inkorporation wollte man gelten lassen. Der Zentralukraine, wiewohl nach außen hin voller Entrüstung, erlaubte diese Regelung allerdings den Verzicht auf die Westukraine ohne weiteren Gesichtsverlust. Sie akzeptierte daher das Mandat an Polen.[38]

Und mehr noch, die Alliierten beendeten im Dezember ihre

Waffenlieferungen an die geschlagenen und auf der Krim eingeschlossenen «weißen» Konterrevolutionäre; Denikin überließ das Kommando und die hoffnungslos gewordene Sache im April 1920 seinem ungeliebten Stellvertreter Pjotr Wrangel und ging ins Exil. Militärische Ausrüstung aus Frankreich, England und den USA gelangte 1920 nur noch nach Polen. Und bereits am 22. Dezember 1919 kassierte der Völkerbund auf einen Vorschlag aus Paris hin das Völkerbundsmandat über Ostgalizien und vertagte eine endgültige Entscheidung auf unbestimmte Zeit – eine carte blanche für Piłsudski also, denn bis zu dieser Abstimmung sollte das Gebiet zu Polen gehören. 1923 war es endlich so weit.[39]

Polen beherrschte allerdings auch in Podolien und Wolhynien Gebiete, die die Zentralukraine selbst beansprucht hatte. Ganz so idyllisch wie die Träume von freundschaftlicher Zusammenarbeit stellte sich die Realität deshalb nicht dar. Polnische Verwaltungsbeamte berichteten von dem Hass, der ihnen entgegenschlug und den sie nur mit Gewalt unterdrücken konnten. Die Situation Anfang 1920 entsprach eher kolonialen Vorbildern: asymmetrische Machtverhältnisse, Administratoren, die sich als unpolitische Technokraten stilisierten, Ausbeutung und Unterdrückung. Aber dies sei notwendig, wie die polnischen Verwalter meinten, um einem «Bauernbolschewismus» vorzubeugen. Um die bei der polnischen wie ukrainischen Landbevölkerung ungeliebten Großgrundbesitzer zu schützen, bedürfe es einer harten Hand. Nur so könne die Ordnung aufrechterhalten werden, die weniger durch nationale als vielmehr durch soziale Gegensätze gefährdet sei.[40]

Im Frühjahr 1920 war Polens Lage im Krieg mit Sowjetrussland trotz aller bisherigen Erfolge schwierig. Eine akzeptierte und gesicherte Grenze gab es nicht; Moskau stationierte zunehmend Truppen an seiner Nordwestfront und hatte keinen ernstzunehmenden Gegner im Inneren mehr, während zugleich kein sozialer Friede im Inneren Polens existierte und Wirtschaft sowie Infrastruktur weit vom Stand vor 1914 entfernt waren. Bei einem energischen Vorstoß der Roten Armee drohte eine empfindliche Niederlage mit drastischen Konsequenzen für den Zusammenhalt des Landes. Zugleich waren sich die Warschauer Politiker völlig uneins über das weitere Vorgehen, selbst wenn offiziell Verhandlungen mit Moskau angestrebt wurden. Am 10. April 1920 hätte eine weitere Gesprächsrunde starten sollen, aber man konnte sich nicht auf einen Tagungsort einigen.[41]

Beide Seiten zeigten wenig Interesse an einem Übereinkommen. Lenin bezeichnete im Allrussischen Zentralen Exekutivkomitee, dem obersten staatlichen Gremium des Landes, die polnischen Forderungen nach einer unabhängigen Ukraine als «Verbrechen». Gleichzeitig wies er Trotzki an, die Rote Armee auf einen Krieg vorzubereiten. Polen sei nur ein Lakai des Westens, die Wiederherstellung der Grenzen von 1772 ein Raub russischen Territoriums und die Vorstellung eines Friedens unter diesen Bedingungen absolut inakzeptabel.[42]

Einmal mehr war es Piłsudski, der als Erster handelte. Er entschied sich, erneut die Flucht nach vorne anzutreten und Fakten zu schaffen.[43] Nicht zuletzt würde er so sein Petljura gegebenes Versprechen einlösen. Mit ihm verstand er sich gut und pflegte das, was in der Politik gerne als Männerfreundschaft bezeichnet wird.[44] Auch deswegen spielte dessen Schwäche bei der Entscheidungsfindung keine Rolle. Am 21. April 1920 unterzeichneten Polen und die Exilregierung der Zentralukraine ein formales Bündnis, dem drei Tage später eine Militärkonvention folgte.[45] Und noch einmal einen Tag später, am 25. April, überschritten polnische Truppen knapp 300 Kilometer westlich von Kiew die Frontlinie und gingen in die Offensive. Piłsudski veröffentlichte einen Aufruf an die Bevölkerung der Ukraine:

Abb. 3 Sowjetisches Propagandaplakat von 1920: Ein französischer Soldat trägt ein polnisches Schwein mit dem Zettel «Grenze von 1772». Die Bildunterschrift lautet: «Ein Schwein, dressiert in Paris».

Ich glaube daran, dass das ukrainische Volk alle seine Kräfte anspannen wird, um mit Hilfe der Polnischen Republik die eigene Freiheit zu erkämpfen und den fruchtbaren Gebieten seines Vaterlandes Glück und Wohlstand zu sichern, deren es sich nach der Rückkehr zur Arbeit und zum Frieden erfreuen soll.[46]

5. Expedition nach Kiew

Den Befehl zum Großangriff auf Kiew hatte Piłsudski am 17. April ausgefertigt. Bereits seit dem 14. April mussten alle Offiziere in ihre Frontstellungen zurückkehren.[1] Es war ein präzise ausgearbeiteter Plan, der sich in jenen Frühlingstagen entfaltete. Die Vorlage dafür war ganz eindeutig das erwähnte Konzept Antoni Listowskis vom Januar 1920,[2] der einen Vorstoß auf die ukrainische Hauptstadt über Berdytschiw und Schytomyr empfohlen hatte. Listowski war im April 1920 befördert worden und kommandierte die 2. polnische Armee, die neben der 3. und 6. Armee nach Osten marschierten; aber nicht er, sondern Piłsudski hatte den Oberbefehl inne – der folgte allerdings weitestgehend den Empfehlungen seines Untergebenen. Gegenüber seinem Vertrauten Leon Wasilewski fand er markige Worte: «Wir können nicht dem Zickzackkurs der Alliierten folgen. Entweder machen wir einen ernsthaften Frieden, oder wir müssen zuschlagen, zuschlagen, zuschlagen – bis die Splitter fliegen.»[3]

Das polnische Militär an der Ostfront vom Baltikum zu den Karpaten zählte im April annähernd 9000 Offiziere und 300000 Mannschaften, dazu noch 85000 Pferde. Freilich: Gerade einmal die Hälfte dieser Männer galt als kampfbereit, und selbst von denen nahmen nur etwa 60000 an der Offensive teil.[4] Schon alleine deshalb war in der Ukraine kein kriegsentscheidender Sieg zu erwarten, selbst wenn die Rote Armee unter drastischen Ausrüstungsmängeln litt. Michail Tuchatschewski, der die russischen Truppen auf belarussischem Gebiet kommandierte, fasste den Zustand seiner Soldaten im Rückblick nüchtern zusammen: «Solange man keine Bekleidung erhielt, konnte man angesichts der kühlen Frühlingstage, die eine Ausbildung barfüßiger Soldaten ausschlossen, die Ausbildung nicht auf eine entsprechende Stufe bringen.»[5]

Ein erfolgreicher Vorstoß schien allerdings möglich, zumal die Vorbereitungen des polnischen Generalstabs westlich von Kiew für eine punktuelle zahlenmäßige Überlegenheit gegenüber der Roten Armee gesorgt hatten. Außerdem kam es auf sowjetischer Seite unmittelbar vor der Offensive zu Meutereien in drei Brigaden, die vorwiegend aus ostgalizischen Soldaten bestanden. Polnische Geländegewinne stellten sich deshalb schnell ein. Schytomyr fiel den Einheiten von Edward Rydz-Śmigły bereits am 26. April in die Hände, Listowski nahm Berdytschiw einen Tag später. Binnen einer Woche war die sowjetische 12. Armee beinahe vollständig geschlagen, während sich die 14. rasch zurückzog.

Die präzisen polnischen Planungen zusammen mit dem Überraschungseffekt zahlten sich aus. Am 3. Mai ritten polnische Kavalleristen von Norden in Kiew ein. Die Aufklärer waren auf keinen Widerstand gestoßen und beschlossen, auf die Straßenbahn umzusteigen und die Lage weiter zu erkunden. Sie fuhren in Richtung Zentrum und nahmen an einer Haltestelle einen russischen Offizier gefangen, bevor sie sich ungehindert wieder zu ihren Stellungen zurückbegaben und Meldung machten. Drei Tage später verließ die sowjetische 12. Armee angesichts des vordringenden Gegners die Stadt und zog sich auf das östliche Ufer des Dnjepr zurück.[6] Am 7. Mai war Kiew zum ersten Mal seit über 250 Jahren wieder in polnischem Besitz – die Einwohner erlebten den 15. Herrschaftswechsel in nur drei Jahren.

Es war ein typischer Sieg der Kriegführung in den Kresy: ein konzentrierter Vorstoß mit hoher Geschwindigkeit. Die Polen drangen in weniger als zwei Wochen 200 Kilometer in feindliches Gebiet vor. Derartige Operationen waren an der waffenstarrenden Ostfront des Ersten Weltkriegs beinahe undenkbar gewesen, schlicht weil sich damals Millionen von Soldaten in den Schützengräben vom Baltikum bis zu den Karpaten gegenüberstanden – während in diesem Konflikt lediglich ein Bruchteil davon kämpfte. 1919 und 1920 gelang es beiden Parteien immer wieder, vergleichsweise schwache Kräfte an einem kleinen Abschnitt zu sammeln und dann die gegnerischen Reihen zu durchbrechen. Um einer Einkesselung zu entgehen, mussten als Reaktion großangelegte Rückzüge eingeleitet werden. So auch dieses Mal, wo der Dnjepr eine natürliche Grenze darstellte und die Polen nur einen Brückenkopf bei Kiew bilden konnten. Sie hatten die etwa tausend Kilometer lange Front in ihrem südlichen Drittel weit durchstoßen, aber ihr Keil war oft nur 50 Kilometer breit und höchst anfällig für Gegenangriffe.

Noch viel dringender als im Januar, als Listowski den Vorstoß empfohlen hatte, stellte sich nun allerdings die Frage, wie es weitergehen sollte. Keinesfalls war Piłsudski ein Entscheidungsschlag geglückt. Zwar erbeuteten die polnischen Truppen große Mengen feindlichen Materials, aber die meisten Rotarmisten entkamen und gruppierten sich nun jenseits des Dnjepr neu. Weiter zu marschieren schied aus, denn im Umkreis von vielen Hundert Kilometern gab es keine nennenswerten strategischen Ziele mehr. Von Moskau oder gar dem Sturz der Bolschewiki träumte Piłsudski nicht, ganz abgesehen davon, dass die Hauptstadt 800 Kilometer entfernt lag und die eigenen Kräfte sowieso nicht ausreichten, um nachzusetzen. Aber stillhalten bedeutete auch, die Initiative zu verlieren, die in den Kresy von so entscheidender Bedeutung war; im Grunde wäre man dann zum Warten auf den sicheren Gegenangriff verdammt.

Immerhin, Kiew stellte einen Prestigeerfolg dar, der dazu beitrug, Piłsudskis Stellung als oberster Feldherr und Staatschef zu festigen. Aber schon vorher hatte ihm der stellvertretende Kriegsminister Kazimierz Sosnkowski über die Lage berichten können: «Der 1. Mai verlief im ganzen Lande ruhig. Unser Proletariat hat einen positiven Eindruck auf alle Ausländer gemacht, mit Ausnahme natürlich des wie immer schmutzigen und unverschämten jüdischen Proletariats.»[7] Viele Kriege wurden allein wegen eines solchen Friedens im Inneren geführt, aber es blieb noch ein anderer Gesichtspunkt, der für Polens äußeren Frieden wichtig war: die Wiederherstellung der Ukraine unter Symon Petljura. Dieses Argument betonte Piłsudski auch gegenüber den Alliierten und wies zugleich auf die Bedeutung des Landes für die europäische Getreideversorgung hin.[8]

Gerade Letzteres hörte man in England gerne. Das Foreign Office spekulierte darüber, dass Polen die Ukraine für die Franzosen und unter deren Schutz verwalten könne, etwa durch die Grafen Maurycy und Roman Potocki oder einen Vertreter der Familie Radziwiłł. Zugleich glaubte London nicht daran, dass Petljura dies akzeptieren würde, weshalb von einem Bruch mit Piłsudski auszugehen sei. Wenn Polen sich aber aus dem Land zurückziehe, würde dort endgültig das Chaos – oder die Bolschewiki – regieren. Das nüchterne Fazit der Außenpolitiker des Empires: So oder so werde Polen keinen Erfolg haben.[9]

Aber Piłsudskis Vorstellungen waren wesentlich pragmatischer. Er war an einem Vasallen- und Pufferstaat interessiert und zu diesem Zweck mit Petljura verbündet. Gleich nach der Eroberung Kiews verkündete er, dass seine Truppen nicht dauerhaft in der Ukraine stationiert bleiben sollten: «Die polnische Besetzung der Ukraine muss nicht jahrelang, sondern monatelang geregelt werden.»[10] Und während Petljura sich in der Londoner «Times» über die mangelnde Unterstützung der Briten beklagte und behauptete, mit alliierter Unterstützung hätte er schon längst die Bolschewiki besiegt,[11] sah Piłsudski das Bündnis ganz nüchtern: Die ukrainische Selbstverwaltung sei «ein Experiment. [...] Wenn es klappt, klappt es, wenn sie keinen Erfolg haben, haben sie keinen. Es gibt zwei Möglichkeiten, Menschen zum Schwimmen zu bringen. [...] Das mache ich mit den Ukrainern.»[12]

Einmal mehr war so klargestellt, wer das Sagen hatte. Aber darin lag auch das große Problem der polnischen Strategie: Die Menschen in der vorgeblich befreiten Ukraine sahen sehr wohl, dass Polen nicht voller Idealismus und für ihre Sache gegen die Sowjets kämpfte, sondern aus ganz und gar eigennützigen Motiven. Sie sahen, wie die Polen plünderten[13] und nicht nur Züge voll mit Butter, Mehl, Getreide oder Pferden nach Westen rollen ließen, sondern sogar die Zuggarnituren behielten. Der Export geschah zwar in Übereinstimmung mit dem Abkommen zwischen den beiden Ländern, aber das machte die Sache nicht besser.[14] Offensichtlich war Petljura kein starker Mann und Anführer und auf das Wohlwollen Piłsudskis angewiesen.

Die Polen galten genau wie die Bolschewiki als Fremdherrscher. Sie stützten sich auf dem Lande auf die verhassten polnischstämmigen Großgrundbesitzer und verhinderten die ersehnten sozialen Reformen, weshalb es vereinzelt zu gewaltsamem Widerstand kam.[15] So wie Lenin sich darin getäuscht hatte, dass eine Revolution von Arbeitern und Bauern den Kommunismus an die Macht bringen würde, hatte sich Piłsudski geirrt, als er glaubte, dass die Ukrainer seine Truppen als Vorboten nationaler Befreiung ansehen würden. Petljura fand keinen Rückhalt in der Bevölkerung. Stattdessen überwogen Kriegsmüdigkeit, Desinteresse und Skepsis, weshalb der Aufbau einer neuen ukrainischen Armee die Erwartungen in keiner Weise erfüllte und sich zu einem regelrechten Fiasko entwickelte: Die rekrutierten knapp 25 000 Mann

Abb. 4 Petljura (zweiter von links) besucht im Mai 1920 ukrainische Truppen.

würden nicht in der Lage sein, der Roten Armee mehr als nur wenige Tage zu widerstehen.

Noch fataler am polnischen Pyrrhussieg war der gewaltige Popularitätsgewinn der Bolschewiki in Russland. Wo bis vor Kurzem noch der Bürgerkrieg gewütet hatte, sahen sich die Kommunisten nun von einer Welle des Nationalismus getragen. Kiew galt als Keimzelle russischer Staatlichkeit und der Verlust dieser Stadt als Tragödie, die ein Zusammenstehen gegen den Erbfeind verlangte. Der prominenteste Überläufer aus dem gegnerischen Lager war der zarische General Alexej Brusilow, der während des Ersten Weltkriegs die einzige erfolgreiche Offensive der russischen Armee befehligt hatte. Zwar hatte er sich niemals den «Weißen» angeschlossen, aber er stand den «Roten» doch kritisch gegenüber. Die polnischen Erfolge in der Ukraine änderten das. Am 2. Mai 1920 meldete Brusilow sich zur Roten Armee.

Grigori Sinowjew, der Vorsitzende des Petrograder Sowjets und Chef der Kommunistischen Internationale (Komintern), spielte in der Parteizeitung «Prawda» ganz offen auf der chauvinistischen Klaviatur:

> Der Krieg wird national. Nicht nur die fortschrittlichen Teile der Bauernbevölkerung, sondern sogar reiche Bauern stehen dem Vormarsch der polnischen Landbesitzer feindlich gegenüber. [...] Wir Kommunisten müssen diese nationalistische Bewegung, die die Unterstützung der ganzen Bevölkerung gewinnt und täglich stärker wird, anführen.[16]

Das Politbüro in Moskau nahm die Polen vor allem deshalb ernst, weil sie nach wie vor als Handlanger der Alliierten galten, deren Ziel der Sturz des Kommunismus sei.[17] Das entsprach zwar ganz und gar nicht der Sichtweise in Warschau, aber tatsächlich unterstützte der Westen die Polen mehr denn je: Die französische Militärmission trug viel zur Ausbildung der polnischen Armee bei. Noch wichtiger waren die ins Land strömenden Rüstungsgüter. Polen gab im Sommer und Herbst 1920 fast drei Viertel seines Budgets für das Militär aus. Dass es trotzdem, wie bei der Roten Armee, sogar an Uniformen, Unterwäsche und Schuhen mangelte, stand auf einem anderen Blatt.[18]

Letztlich aber waren den Bolschewiki ihre langfristigen Vorteile gegenüber dem historischen Rivalen wohl bewusst: Das Land verfügte über viel mehr personelle Ressourcen und genügend Raum für große Rückzüge.[19] Moskau konnte sich daher mehr Niederlagen erlauben. Historisch betrachtet hatte selbst der Fall der Hauptstadt, etwa an Napoleon 1812 oder an die Polen 1610 keinen Untergang bedeutet. Wenn Piłsudski 1920 Kiew erreichte, war das keine ernsthafte Bedrohung für Lenins Herrschaft. Leo Trotzkis Fazit in seinen Memoiren ist wenig hinzuzufügen: «Die Besetzung Kiews durch Polen, die an sich jedes militärischen Sinnes entbehrte, erwies uns einen großen Dienst: das Land wurde aufgerüttelt.»[20]

Schon Ende Mai hatten die Sowjets genügend Truppen für eine Gegenoffensive am östlichen Dnjeprufer zusammengezogen. Das blieb von den Polen nicht unentdeckt, und auch unterhalb der Generalsränge waren die Offiziere verunsichert und machten sich Sorgen über ihre Zukunft in der Ukraine. Der Major Józef Jaklicz schrieb am 30. Mai aus Winnica an seine Frau: «Es scheint mir, dass wir uns verrechnet haben und große Politik unter Verwendung des Heeres machen wollen, ohne eine angemessene Absicherung zu haben. Wir sind von der Welt abgeschlossen – selbst die Telefonverbindung mit den Armeen funktioniert nicht.»[21] Zum Zeitpunkt dieses Briefes tobte bei Kiew bereits seit einigen Tagen ein Kampf mit der Roten Reiterarmee von Semjon Budjonny, die zwar zunächst zurückgeschlagen werden konnte, aber am 3. Juni erneut zum Angriff überging. In der Stadt standen sich 3000 Polen unter Aleksander Karnicki und rund 18 000 Mann unter Budjonny gegenüber – und mit den Generälen zwei alte Bekannte, denn beide hatten in der zarischen Armee gedient; Letzterer war einst von Ersterem befördert worden.[22]

Piłsudski erteilte Antoni Listowski, der nach der Rückkehr des Oberbefehlshabers nach Warschau das Kommando über die Ukrainefront übernommen hatte, den Befehl zum Rückzug. Gegenüber dem Chef der britischen Militärmission, Adrian Carton de Wiart, hatte Piłsudski schon früher seine gemischten Gefühle bei der Einnahme Kiews geäußert. Nachdem die Stadt am 13. Juni wieder in sowjetischen Händen war, befragte ihn Carton de Wiart, warum er sie denn entgegen seiner Vorahnungen überhaupt erobert habe. Piłsudskis Antwort war offenherzig: «Sie sehen, ich habe mich geirrt.»[23] Die «Expedition nach Kiew», wie diese ukrainische Episode des Polnisch-Sowjetischen Kriegs in Polen genannt wird, hatte ein wenig rühmliches Ende gefunden. Von nun an lag die Initiative bei der Roten Armee. Sie sollte ihren Feind vor sich hertreiben – bis an die Weichsel, hinein ins Herz Polens.

6. Die Rote Armee marschiert nach Warschau

Während sich das Schicksal der ukrainischen Nationalbewegung entschied – für die nächsten 70 Jahre sollte es keinen selbständigen Staat mit der Hauptstadt Kiew geben –, kämpften Polen und Sowjets auch an der weißrussischen Front: Mitte Mai war die Rote Armee an der Düna in die Offensive gegangen und hatte zwei Wochen lang Landgewinne erzielt. Aber noch war dies nicht der Hauptschauplatz. Die Truppen des neuen sowjetischen Oberbefehlshabers Michail Tuchatschewski – längst noch nicht in Sollstärke – mussten sich nach polnischen Gegenangriffen wieder ans Ufer der Beresina zurückziehen. Es blieb ihnen nur ein bescheidener Geländegewinn, der aber doch ein wichtiger Hinweis darauf war, wo die eigentliche Schlacht um Polen ihren Ausgang nehmen sollte. Der erst 27-jährige Tuchatschewski hatte sich bereits hier als ebenbürtiger Gegenspieler Piłsudskis erwiesen, der in der Lage war, auf engem Raum einen schnellen Vorstoß auszuführen.[1]

Insbesondere im sumpfigen und waldreichen Einzugsgebiet der Beresina mit ihren zahlreichen Nebenflüssen war dies von großer Bedeutung. Der Polnisch-Sowjetische Krieg unterschied sich grundlegend von dem Schützengräben- und Stellungskrieg, der die Westfront und über längere Zeit sogar die Ostfront des Ersten Weltkriegs dominiert hatte. Taktisch und operativ ließ sich aus dem Grabenkampf wenig lernen. Das schränkte auch die tatsächlich verwertbare Expertise der französischen Militärmission stark ein und führte immer wieder zu Konflikten mit den beratenden Generälen, auf die Piłsudski nicht hören wollte. Denn wo zwölf Geschütze einen neun Kilometer langen Frontabschnitt abdeckten – und zudem nur über 24 Schuss Munition verfügten –, ließ sich der Durchbruch einer feindlichen Division kaum verhindern. In Piłsudskis Worten: «Über ein derartiges Sperrfeuer würde selbst ein Pferd lachen!»[2]

Immer wieder gelangen der angreifenden Seite vergleichsweise leicht große Durchbrüche. In Verdun, an Somme und Marne war dergleichen nahezu unmöglich gewesen, da die Armeen fast über die zehnfache Menge an Waffen und Soldaten sowie genügend Munition verfügten. 1920 besaß die 7. Armee Gustaw Zygadłowiczs hingegen nicht einmal eine einzige durchgehende Stacheldrahtlinie gegen die Rote Armee – ganz zu schweigen von einem dicht gestaffelten, tiefen Grabensystem, wie es in Frankreich zu beobachten gewesen war. Weil sämtliches Material auf Tausenden von Pferdewagen transportiert werden musste und es keinerlei Feldbahnen gab, war es selbst bei vorhandenem Nachschub schwer, diesen zügig an die Truppe weiterzuleiten. Dennoch versuchten die Polen, die noch vorhandenen deutschen Gräben des vorangegangenen Krieges zu nutzen – und mussten ein ums andere Mal feststellen, dass Tuchatschewski ein Meister der Umgehung und des Durchbruchs war.[3]

Piłsudski hatte diese Probleme klar erkannt und traf immer wieder auf Unverständnis bei seinen Generälen:[4] Von den 145 Männern, die 1921 diesen Rang bekleideten, stammten 66 aus der russischen Armee und 60 aus der österreichisch-ungarischen, wo sie eine klassische militärische Ausbildung erhalten hatten.[5] Dabei war großer Wert auf Verschanzen und Eingraben, auf Festungen und starre Linien gelegt worden. Tuchatschewski jedoch war wegen seiner Jugend nicht in derartigen Schemata gefangen und, ganz ähnlich wie Piłsudski, vor allem durch romantische Lektüre und eigene Anschauung geprägt. Seine untergebenen Heerführer waren allesamt ehemalige Obristen der untergegangenen russischen Armee und dank deren Schulung durchaus in der Lage, operative Vorgaben kompetent umzusetzen. Aber die Ideen stammten nicht von ihnen. Auch deswegen prägten Draufgängertum und spektakuläre Vormärsche diesen Krieg und begünstigten tendenziell die Rote Armee: Wo Frontlinien keinen Bestand haben und die Diplomatie daraus keine Grenzen formt, kann es nicht zu einem Patt kommen – Angriff und Initiative dominieren. Doch wo für Polen selbst nach der Eroberung von Kiew kein Sieg in Sicht war, konnten die Bolschewiki sehr wohl auf Warschau marschieren und ihrem Gegner mit einer entscheidenden Niederlage drohen.

Einfach war das natürlich nicht. Einerseits wegen des erbitterten Widerstands der Polen, andererseits wegen der herausfordernden Logistik selbst nach einem erfolgreichem Angriff. Es gab wenige befestigte Straßen oder gar Eisenbahnlinien – zudem oftmals mit unterschiedlicher Spurbreite. Alleine im Ersten Weltkrieg waren 7500 Brücken und 940 Bahnhöfe zerstört worden. Die Nachschubstrategie jenseits von Waffen und Munition bestand hauptsächlich darin, aus dem Lande zu leben. So hatten es in Ostmitteleuropa, mit Ausnahme des Ersten Weltkriegs, alle Armeen seit jeher gehalten.

Für die Soldaten auf beiden Seiten bedeutete das große Entbehrungen, wie sie Isaak Babel an der Ukrainefront beobachtete. Für einen des Schreibens unkundigen Kameraden verfasste er einen Brief an dessen Mutter, in dem es hieß: «Schicken Sie mir, was Sie können, was in Euren Kräften möglich ist. Ich bitte Euch, schlachtet den scheckigen Keiler und macht mir ein Paket [...]. Jeden Tag gehe ich ungegessen schlafen und ohne alle Kleider, so ist es böse kalt.»[6] Bei anderer Gelegenheit notierte Babel die

> schreckliche Wahrheit – alle Soldaten sind an Syphilis erkrankt. [...] Die Geißel der Soldaten. Die Geißel Russlands – es ist schrecklich. Sie essen zerstoßenes Kristall, trinken auch mal Karbolsäure, gemahlenes Glas. Alle Kämpfer – Samtmützen, Vergewaltigungen, Haarschöpfe, Schlachten, die Revolution und die Syphilis. Ganz Galizien ist infiziert.[7]

Die Bedingungen an der Nordostfront unterschieden sich davon kaum. Dort aber trat noch die widrige Geographie hinzu, denn die Pripjet-Sümpfe stellten sich als ein gigantisches natürliches Hindernis dar, das nur wenige Feldherren zu ihrem Vorteil nutzen konnten. Für die meisten von ihnen jedoch erwies es sich als verhängnisvoll. Mit einer Fläche von fast 100 000 Quadratkilometern ist dieses Gebiet etwa dreimal so groß wie Belgien und liegt weitgehend im heutigen Belarus und in der nördlichen Ukraine. Es verläuft keilförmig von West nach Ost, wobei die Spitze bei Brest-Litowsk und die Basis rund 500 Kilometer östlich davon liegt und eine Breite von annähernd 250 Kilometern erreicht. Während der Schneeschmelze im März und April ist es praktisch unpassierbar, aber auch sonst kommt man dort mit schwerem Gerät kaum voran. Strategisch gesehen bevorzugte die Lage der Sümpfe die polnische Verteidigung, weil Angreifer aus Russland mit zwei weit auseinander stehenden Gruppen antreten und ihre Kräfte aufteilen mussten. Im Westen erwartete sie die ungeteilte gegnerische Streitmacht.

So war es auch im Sommer 1920. Die entscheidende Offensive der Roten Armee sollte nicht in Kiew beginnen, sondern im Nordosten, unter dem Kommando von Michail Tuchatschewski. Er würde nach 600 Kilometern Vormarsch bei Brest den Bug überschreiten und hätte damit drei Viertel des Weges nach Warschau zurückgelegt. Die Strecke von Kiew war etwa genauso lang, dennoch gingen von den beinahe 800 000 Mann, die die

Sowjets gegen Polen aufstellten, 402 000 an Tuchatschewski und lediglich 355 000 in die Ukraine, wo auf einer wesentlich größeren Fläche gekämpft wurde. Diese Zahlen sind allerdings mit Vorsicht zu betrachten, denn für die allerwenigsten Soldaten waren Uniformen, geschweige denn Gewehre vorhanden.

Tatsächlich konnte von den insgesamt fünf Millionen Rotarmisten im August 1920 höchstens jeder neunte als einsatzfähig gelten. Tuchatschewski sprach daher nur von 160 000 Kämpfern zu Beginn seiner Offensive, auch wenn polnische Schätzungen höher lagen. Ihnen standen lediglich 110 000 bis 120 000 Mann unter dem Kommando von Stanisław Szeptycki gegenüber.[8] Und es sah auf polnischer Seite mit Ausrüstung und Ausbildung kaum besser aus. Der Pfadfinder Lech Dymecki beispielsweise hatte sich gemeinsam mit Freunden im Juni 1920 zur Armee gemeldet. Keine zwei Wochen später marschierte sein Freiwilligen-Regiment an General Stanisław Haller vorbei, der die Parade mit den Worten: «Das sind schon fertige Soldaten» abnahm und sie in Richtung Front schickte. Über ein eigenes Gewehr verfügte Dymecki nicht, denn für seinen Zug mit über 20 Mann gab es überhaupt nur zwei Karabiner.[9] Allerdings fehlte es nicht nur an Waffen. Der Major Józef Jaklicz beklagte sich bei seiner Frau, seit Wochen nicht die benötigten und vorgesehenen Essensrationen erhalten zu haben. Und was es gab, war oft ungenießbar: «Brot ist zu 80% so verschimmelt, dass ich es wegwerfen muss.»[10]

Die polnischen Offiziere sahen sich unter diesen Bedingungen außerstande, die Moral der jungen, unerfahrenen Soldaten aufrechtzuerhalten.[11] In der Offensive stellte das weniger ein Problem dar, aber auf dem Rückzug war es bedrohlich. Und in der Defensive befanden sich die Polen seit dem 4. Juli, als Tuchatschewski seine Truppen nach vorne geworfen hatte. Sein Befehl zum Angriff war martialisch:

> Die Zeit der Abrechnung ist gekommen. Die Armee des Roten Banners und die Armee des räuberischen Weißen Adlers stehen einander im tödlichen Kampf gegenüber. Hinter der Leiche des Weißen Polen leuchtet die Straße eines weltweiten Flächenbrands. Mit unseren Bajonetten werden wir der gequälten Menschheit Glück und Frieden bringen. Nach Westen![12]

Tuchatschewskis Armeen im Nordosten erlangten in den ersten Wochen eine unwiderstehliche Initiative. Auch dank 595 Geschützen, einer dreifachen Überlegenheit, konnten seine Truppen nach zwei Tagen die Beresina überschreiten. Wilna fiel am 14. Juli, zumal die Litauer die Zeichen der Zeit erkannt hatten und seit dem 9. Juli ebenfalls gegen Polen kämpften. Doch selbst mit mehreren Frontalangriffen war dem befestigten Wilna nicht beizukommen – wie so oft in diesem Krieg entschieden eine Umgehung und die drohende Einkesselung den Tag und zwangen die Polen zum Rückzug. Ohne diesen Stützpunkt aber mussten sich Piłsudskis Soldaten noch weiter zurückziehen, weil das sowjetische 1. Kavalleriekorps (Kavkor) unter Gai Dmitrijewitsch Gai beständig gegen den linken polnischen Flügel drückte und in den Rücken der Hauptstreitmacht gelangen wollte.

Diese schnelle Reiterei war ein wesentlicher Trumpf Tuchatschewskis. Sie zeigt, wie sehr der sowjetische Oberkommandierende die Situation verstanden hatte: Im Ersten Weltkrieg schien das Zeitalter der Kavallerie endgültig zu Ende gegangen zu sein, denn Maschinengewehre und Artillerie ließen Angriffe dieser leicht bewaffneten und ungepanzerten Einheiten zu einem Selbstmordkommando werden. Aber im Polnisch-Sowjetischen Krieg herrschten ganz andere Bedingungen, und gerade die niedrig-technologische Auseinandersetzung bevorteilte die Männer auf ihren Pferden, die weitgehend ohne Infrastruktur und Nachschub auskommen und trotzdem weit vorstoßen konnten. Keine tief gestaffelten Schützengräben voller hochgerüsteter Soldaten standen ihnen im Weg. Es gab viel Raum zum Manövrieren, der es den Reitern erlaubte, schnell dorthin zu gelangen, wo sie der Gegner am wenigsten erwartete. Sie fielen dem Feind in die Flanke oder in den Rücken, schnitten ihm den Rückzug ab oder zerstörten seinen Nachschub und waren nicht zuletzt in der Lage, ihn in offener Feldschlacht einfach niederzureiten. Gais Taktik war noch simpler: Weil die 10. polnische Infanteriedivision zu viel Widerstand leistete, wich er nach Norden aus, umging dort die 8. Division und eroberte ohne Kampf die Stadt Święciany, weit im Rücken der Polen.

Piłsudski gestand später zu, die Kavallerie vollkommen unterschätzt zu haben.[13] Und so kam es zum letzten Hurra der Reiterei, zu Gefechten mit Lanze und Säbel, aber auch zum ungleichen Duell von Panzern gegen berittene Soldaten: Die Polen hatten 30 französische Renault-Tanks nach Grodno verlegt, von denen rund die Hälfte am 19. Juli gegen Gais Männer eingesetzt wurde. Nachdem sich die anfängliche Überraschung gelegt hatte, zerstörten die Reiter mit großen Mühen einen Panzer nach dem anderen; technische Defekte und Benzinmangel taten ihr Übriges, so dass am Ende nur noch zwei Fahrzeuge zurückkamen und die Rote Armee Grodno trotz dieser Gegenwehr einnahm. Für Gai stand damit fest, dass ein Kavallerist einen Panzer nicht fürchten müsse[14] – eine Folgerung, die auch die Polen zogen, und die trotz des rasanten militärtechnologischen Wandels und der allgemeinen Aufrüstung zum Festhalten an dieser Waffengattung und dann zu sehr einseitigen Gefechten im Zweiten Weltkrieg führte.

Doch noch ritten Gais Einheiten immer weiter voran und zwangen die polnischen Divisionen zum ständigen Rückzug. Sie nutzen die Grenzen zu Litauen und Ostpreußen als Deckung und mussten sich deshalb nicht um ihre Flügel kümmern, was einen entscheidenden Vorteil in der Offensive darstellte. Wegen dieser Schnelligkeit – auch der marschierenden Truppe – riss auf beiden Seiten immer wieder die Kommunikation ab, was die Befehlsübermittlung erschwerte und das Chaos vergrößerte.[15] Da halfen selbst die bemerkenswerten Erfolge der polnischen Aufklärung kaum, die im Juni und Juli über die Hälfte aller sowjetischen Funksprüche dechiffrieren konnte. Das lag nicht zuletzt am wenig professionellen Vorgehen des Gegners, der teilweise den neuen Code über Funk durchgab. Wo es anfangs noch fünf bis sechs Tage dauerte, bis ein Telegramm lesbar war, gelangte man in Warschau in der Hochphase des Krieges meist schon in zwei bis drei Tagen zum Erfolg. Wichtig war das vor allem für Piłsudski und den Generalstab, denn tatsächlich wurden nur die allerwenigsten Befehle per Funk übermittelt – aber eben diejenigen, die die strategischen Linien vorgaben. Die konkreten Auswirkungen an der Front blieben überschaubar, weil es trotz allem zu lange dauerte, bis Meldung dorthin gemacht wurde. Und im Feld dominierten sowieso weiterhin auf beiden Seiten traditionelle Methoden der Nachrichtenübermittlung per Pferdekurier und Meldegänger.[16]

Die Auflösungserscheinungen auf polnischer Seite machten einen geordneten Rückzug unmöglich, zumal es bis zum Bug keine natürlichen Barrieren gab. Erst dort wollte Piłsudski deshalb eine Verteidigungslinie aufbauen und seinen Armeen Nachschub zuführen.[17] Operativ schien dieser Vorschlag sinnvoll, aber der in Warschau am 1. Juli gebildete überparteiliche Staatliche Verteidigungsrat (Rada Obrony Państwa) billigte ihn vor allem darum, weil Piłsudski am 19. Juli seinen Rücktritt angeboten und sich damit ultimativ des allgemeinen Rückhalts versichert hatte. In diesem Gremium setzte der Marschall seine Politik durch, wohingegen dem Kabinett nur eine sekundäre Rolle blieb. Den Politikern in der Hauptstadt waren mangels Alternativen die Hände gebunden, weshalb sie sich nach dem Rücktritt des nur einen Monat amtierenden nationaldemokratischen Übergangspremiers Władysław Grabski am 24. Juli in einer Allparteienregierung hinter dem Führer der Bauernpartei, Wincenty Witos, versammelten. Die Staatskrise war vorerst abgewendet, und der Landbesitzer Witos inszenierte sich als Bauer, der seine Scholle verlässt, weil das Vaterland in Gefahr ist.[18]

Das blieb – wirksame – Symbolpolitik und es kam nicht zu Unruhen. Die Lage an der Front aber war schlecht. Wiktor Drymmer berichtete, wie selbst Offiziere lauthals defätistische Parolen von sich gaben und von einem sowjetischen Sieg sprachen. Um die Disziplin zumindest notdürftig aufrechtzuerhalten, war es geboten, «zu drohen, zu fluchen, und gelegentlich auch mit einem Stock zuzuschlagen».[19] Doch Desertionen nahmen zu, und während die polnische Moral schwand, erhielt die Rote Armee immer mehr Auftrieb. 30000 Mann konnte sie in Weißrussland rekrutieren,[20] außerdem zahlreiche auf dem letzten Rückmarsch entwichene Deserteure wieder eingliedern. In Piłsudskis Worten: «Dieser Zersetzungsprozess unserer Kräfte, dieses Versinken der Willenskraft war meiner Ansicht nach der größte Triumph» Tuchatschewskis.[21]

Doch obwohl die Polen auf ganzer Linie zurückwichen, leisteten sie durchaus Widerstand. Immer wieder kam es zu blutigen Gefechten. Isaak Babel beschrieb das Bild, das sich ihm nach der Eroberung des galizischen Brody durch Budjonnys Kavallerie bot, als

> ein Feld des Schreckens, übersät mit zerstückelten Gefallenen, unmenschliche Grausamkeit, unvorstellbare Wunden, eingeschlagene Schädel, junge weiße nackte Körper blinken in der Sonne, verlorene Notizbücher verstreut, einzelne Blätter, Soldbücher, Evangelien, Menschenleiber im Korn.[22]

Die Verluste konnten die neuen Rekruten weder quantitativ noch qualitativ auffüllen. Das war im Nordosten ganz ähnlich wie an der Ukrainefront, wo die Rote Reiterarmee nicht ganz so schnell vorankam wie Tuchatschewskis Einheiten. Ursache dafür waren allerdings nicht die rund 15 000 Ukrainer mit etwa 40 erbeuteten Geschützen.[23] Es lag vielmehr an der Strategie der polnischen Generäle Edward Rydz-Śmigły und Kazimierz Raszewski, die einerseits die zahlreichen Städte Galiziens befestigten und so gegen handstreichartige Überfälle absicherten, und andererseits durch geschickten Einsatz von Kavallerie die Sowjets in aufreibende Kämpfe verwickelten.

Tuchatschewskis Truppen gelangten so als Erste in Schlagdistanz zu Warschau. Der Feldherr war dennoch mit der Situation unzufrieden, denn eine wichtige oder gar entscheidende Schlacht konnte er bis Anfang August nicht schlagen.[24] Die Verfolgung der polnischen Truppen hatte zudem nicht den erwünschten Effekt einer Abnutzung oder gar vollständigen Auflösung gehabt. Den ersehnten Sieg sollte daher die Einnahme der polnischen Hauptstadt bringen. Davon träumte auch das Politbüro in Moskau. Leo Trotzki hatte bereits Ende April 16 Thesen formuliert, in denen er Polen zur zentralen militärischen Herausforderung der Bolschewiki erklärte und jegliche Möglichkeit zum Frieden bestritt, da die Warschauer Bourgeoisie daran nicht interessiert sei. Deshalb müsse Sowjetrussland alle Kräfte bündeln, um diesen Gegner niederzuringen.

Trotzki ging allerdings nicht davon aus, dieses Ziel alleine mit der Roten Armee erreichen zu können. Er wusste, wie erschöpft und schlecht ausgerüstet die Soldaten waren, und bezweifelte ihre Fähigkeit, Polen vollständig niederzuwerfen. Von zentraler Bedeutung sei deshalb, die dortige Arbeiterschaft zu einer Revolution von innen zu bewegen, die dann gemeinsam mit den vorrückenden sowjetischen Truppen das Ziel eines Umsturzes erreichen könnte.[25] Noch deutlich skeptischer gab sich Josef Stalin, zu dieser Zeit Nationalitätenkommissar im Rat der Volkskommissare und außerdem Parteivertreter bei Budjonnys Reiterarmee. Wie Trotzki zweifelte er an der Stärke seiner Soldaten. Außerdem stellte er das revolutionäre Potential in Polen in Frage. Gerade weil er sich intensiv mit den Völkern der künftigen Sowjetunion und des ehemaligen Russlands beschäftigte, wusste er, wovon er sprach, und warnte vor dem Patriotismus der polnischen Arbeiterklasse. Diese sei im Zweifelsfalle immer für die nationale Sache und nicht die internationale des Kommunismus. Stalin empfahl daher schon Mitte Juni, in der Propaganda eine Konföderation anzupreisen, konnte sich aber mit seinem Vorschlag nicht durchsetzen.[26]

Im Politbüro nämlich wies Lenin all diese Ideen zurück und zeigte sich insbesondere verärgert über den Skeptiker Karl Radek, der aus Polen stammte und in der Kommunistischen Internationale als Experte für das Land galt. Radek äußerte ähnliche Bedenken wie Stalin und legte sie mit noch mehr Nachdruck dar. Doch Lenin wollte diese Einwände nicht hören. Er teilte mit den anderen Anführern der Bolschewiki die Überzeugung, dass Russland nicht das einzige sozialistische Land bleiben dürfe und Alliierte benötige, damit der Kommunismus schlussendlich triumphiere. Im Unterschied zu seinen Genossen im Politbüro war Lenin der Ansicht, in Polen einen militärischen Sieg erringen und die Revolution herbeiführen zu können. Die Vorstöße Tuchatschewskis im Norden und Budjonnys im Südosten wirkten unaufhaltsam, Warschau schien kurz vor dem Fall zu stehen und Piłsudski als Marionette Frankreichs und Englands reif für den Sturz.

Es war an der Zeit, endlich den revolutionären Krieg zu führen, den der linke Flügel der Bolschewiki schon 1918 gefordert hatte. Von Polen aus könne die Rote Armee dann in die Tschechoslowakei, nach Ungarn und Rumänien vordringen, damit auch dort die

Arbeiterschaft einen Umsturz herbeiführe. Lenins Visionen im Hochsommer 1920 gingen so weit, den Funken der Weltrevolution bis nach Italien zu tragen und, nach dem Fall Polens, gleich einen weiteren Feldzug gegen Deutschland vorzubereiten, um auch dort eine kommunistische Regierung zu installieren.[27]

Diese Ambitionen standen im merkwürdigen Gegensatz zu den Plänen innerhalb der Roten Armee. Tuchatschewski selbst hatte den Deutschen Ende Juli 1920, als seine Truppen immer weiter vordrangen, sogar eine Wiederherstellung der ehemaligen Ostgrenze des Kaiserreichs vorgeschlagen. Diese Aufteilung des polnischen Kuchens unterblieb nicht zuletzt deshalb, weil die Sowjets Warschau nicht erobern konnten.[28] Doch davon abgesehen ist es schwer vorstellbar, dass eine solche Initiative ohne Billigung Moskaus erfolgte. Das wiederum sagt einiges über die Vorstellungen von einem von Rotarmisten entfachten europäischen Flächenbrand aus: Das Politbüro beugte sich Lenins Wünschen, aber einen direkten Plan zum Durchmarsch bis nach Berlin gab es damals nicht.

Lenin handelte viel eher nach Napoleons Motto «on s'engage, et puis on voit» – man engagiert sich und schaut dann weiter. Aber er brach nicht alle Brücken hinter sich ab, denn es gab noch Konterrevolutionäre beispielsweise auf der Krim und Bauernunruhen in der Ukraine, die sich nicht vollständig ignorieren ließen, und selbst der Berufsoptimist Lenin konnte nicht vollständig über den fragilen Zustand der Roten Armee hinweggehen.[29] Es lässt sich zwar mit gutem Grund annehmen, dass er einen Angriff auf Berlin oder Budapest durchaus befohlen hätte, wenn dies im Rahmen des Möglichen gewesen wäre – aber dazu kam es nicht. Die Frage, warum die Rote Armee überhaupt nach Polen marschierte, ist vor diesem Hintergrund kontrovers diskutiert worden. Dies als Auftakt für die Eroberung Europas zu nehmen, überzeugt wenig, selbst wenn der Glaube daran in der Roten Armee verbreitet war,

Abb. 5 Die Anführer des Polrevkom. In der Mitte Julian Marchlewski, links von ihm Feliks Dzierżyński, rechts Feliks Kon.

wie eine Notiz Isaak Babels verrät: «Wir werden ewig Krieg führen. Russland hat den Fehdehandschuh hingeworfen. Wir werden nach Europa ziehen, um die Welt zu unterwerfen. Die Rote Armee ist zu einem Faktor der Weltpolitik geworden.»[30]

Auch die Deutung des Feldzuges als eine Abschreckungsmaßnahme gegen den Westen ist eher eine nachträgliche Rechtfertigung der Bolschewiki als eine tatsächliche Erklärung. Krieg als symbolische Außenpolitik wäre eine Überinterpretation,[31] die die militärischen Gegebenheiten außer Acht lässt: Tuchatschewski war davon überzeugt, Polen niederringen zu können; und nachdem Piłsudski sich wiederholt als ernsthafte und vor allem unberechenbare Bedrohung insbesondere für die Herrschaft über die Ukraine erwiesen hatte, war ein Feldzug eine logische Option. Dass der Gegner zudem als Agent des Westens galt, verstärkte nur die wahrgenommene Gefahr, die von Warschau auszugehen schien. So mischten sich am Ende ideologische mit militärischen Gründen. Objektiv war die Beurteilung vielleicht nicht immer, doch das tat ihrer Wirkmächtigkeit keinen Abbruch. Das gilt insbesondere für die Hoffnung auf eine Revolutionierung der polnischen Gesellschaft.

Zu diesem Zweck rief das Moskauer Zentralkomitee der Bolschewiki ein Polnisches Büro ins Leben. Unter der Leitung des berüchtigten Geheimdienstchefs Feliks Dzierżyński versammelten sich die polnischen Kommunisten Julian Marchlewski, Feliks Kon, Edward Próchniak und Józef Unszlicht. Sie nahmen ihren Sitz im eroberten Białystok und planten selbstverständlich den baldigen Umzug nach Warschau. Bis dahin widmeten sie sich vorwiegend der ideologischen Indoktrination und gründeten mit den gleichen fünf Mitgliedern am 30. Juli 1920 außerdem das Polnische Revolutionskomitee (Polrevkom), das sich als Übergangsregierung verstand und am selben Tag die Polnische Sozialistische Sowjetrepublik proklamierte.[32] Parallel dazu existierte in Tarnopol, an der Südfront, ein Galizisches Revolutionskomitee unter dem Kiewer Kommunisten Wolodymyr Satonskyj. Im Sommer 1920 organisierten dessen Mitglieder eine kurzlebige Galizische Sozialistische Sowjetrepublik und sorgten für erste Einberufungen zu einer Galizischen Roten Armee.[33]

Die Propaganda vermengte all dies zu einem Befreiungskrieg für die polnischen Arbeiter und Bauern, denen unter anderem eine Landreform versprochen wurde. Man kämpfe für die Polen, nicht gegen sie – oder höchstens gegen die «Panowie», die Herren, die besitzende Klasse. Isaak Babel sah dieses Versprechen – und die Realität: «Wir kommen nicht in ein erobertes Land, das Land gehört den Arbeitern und Bauern Galiziens und nur ihnen, wir kommen, um ihnen zu helfen, die Rätemacht zu errichten. Ein wichtiger und vernünftiger Befehl, werden die Marodeure ihn ausführen? Nein.»[34] Und Babel beobachtete auch die Reaktionen selbst der sympathisierenden Menschen: «Die Bevölkerung erwartet den Erlöser, die Juden die Freiheit – und geritten kommen die Kuban-Kosaken …»[35]

7. Zwischen allen Fronten: Juden und andere Zivilisten

«– Der Jude ist an allem schuld, – sagte er, – bei uns wie bei euch. Von denen bleiben nach dem Krieg kaum welche übrig. Wieviele Juden wirds geben auf der Welt?
– Zehn Millionen, – antwortete ich und begann, das Pferd aufzuzäumen.
– Zweihunderttausend bleiben übrig, – rief der Bauer.»

Gespräch Isaak Babels mit einem polnischen Bauern im Sommer 1920 in Galizien.[1]

Wie in vielen Kriegen war es auch 1919/20 die zivile Bevölkerung, die am meisten litt. Die kriegsmüden Menschen hatten seit 1914 zahllose Heere durch ihr Land ziehen sehen – und immer nahmen sich die Soldaten, was sie brauchten, vernichteten die Ernte, misshandelten und missbrauchten Männer, Frauen und Kinder. Tod und Zerstörung waren in jenen Jahren eine alltägliche Erscheinung, und oft verhielten sich eigene und verbündete Armeen nur wenig besser als feindliche. Berichte aus dem Nordosten Polens waren alarmierend: Die Bauern, schon in Friedenszeiten nicht wohlhabend, hatten nun überhaupt kein Vieh mehr. Es mangelte ihnen sogar an Heizmaterial. Den geringen Ertrag der Ernte, die sie von den Feldern holten, konnten sie wegen abgebrannter Scheunen und Speicher nicht mehr für den Winter einlagern – stattdessen brannte man daraus Schnaps. Die polnische Armee, für die es sich um Freundesland handelte, hatte kaum Möglichkeiten mehr, Essen käuflich zu erwerben.[2]

Als die Polen im Frühjahr 1919 Pińsk eroberten, berichtete der Soldat Stanisław Pinkowski über

> ein Bild des völligen Ruins und Elends. Eine verlassene Stadt, Häuser von Kugeln durchsiebt. [...] Alle Geschäfte sind leer. In Cafés und Restaurants gibt es nichts zu essen. Überall herrscht Elend, Hunger und Hungertyphus in der ganzen Gegend. [...] Wir sind hungrig. Von der Not getrieben requirieren wir bei der armen, hungernden Bevölkerung die Überreste von Kartoffeln und Hafer für Pferde. Traurige Auseinandersetzungen beginnen, Weinen, Schreien.[3]

Die Disziplin unter den Soldaten war so desaströs, dass es sogar in befreiten Gegenden im polnischen Herzland immer wieder zu Plünderungen bei der eigenen Bevölkerung kam, etwa im Spätsommer 1920 in Białystok, wo die Armee ganze drei Tage lang die Stadt heimsuchte.[4]

Noch Jahre nach dem Krieg war deshalb die Situation katastrophal. 1922 besuchten amerikanische Quäker auf einer humanitären Hilfsmission die Wilnaer Gegend und berichteten über Menschen ohne eigenes Haus: «Ihre Erdhöhlen sind kaum besser als Schweineställe. Bestenfalls sind es düstere Unterschlupfe. [...] Vierzigtausend Familien leben in solchen Erdhöhlen. In manchen sind es bis zu zwölf Personen.»[5]

Die Lage im Südosten unterschied sich davon wenig. Aus dem in Ostgalizien gelegenen Kreis Trembowla gab es im Februar 1920 Berichte, wonach die wenigen Höfe, die nicht abgebrannt waren, wegen des Mangels an Inventar nicht arbeiten konnten. Ganze Dörfer waren vollkommen vernichtet, an einen Wiederaufbau wegen des Fehlens an Baumaterial und finanzieller Engpässe nicht zu denken.[6] Zu diesem Zeitpunkt standen dem Land die sowjetische Invasion und die späterer Rückeroberung durch Polen noch bevor. Isaak Babel schreibt darüber:

> In Galizien ist es unerträglich trostlos, die zerstörten Kirchen und Kruzifixe, der düstere Himmel, die geprügelte, unbegabte, unbedeutende Bevölkerung. Erbärmlich, gewohnt an das Morden, an die Soldaten, die Unordnung, würdige russische weinende Weiber, aufgewühlte Straßen, niedrigstehendes Getreide, keine Sonne, die Priester in breitkrempigen Hüten – ohne Kirchen. Eine bedrückende Schwermut geht aus von allen, die hier das Leben organisieren.[7]

Der Lebensstandard der Menschen hatte sich drastisch verschlechtert: «Quartier, die Wirtsleute sind jung, ziemlich reich, haben Schweine, eine Kuh, mit einem Wort – nichts.»[8]

Das waren, trotz aller Schrecken, Folgen vieler Kriegsjahre und häufig wechselnder Herrschaften, die letztlich nicht über diejenigen anderer Konflikte hinausgingen. Anders und neu aber war, dass Zivilisten erstmals ausdrücklich zum Ziel direkter militärischer Gewalt wurden. Die imperialen Armeen des Ersten Weltkriegs hatten das zu verhindern versucht, aber nach 1918 galten andere Ethnien per se als Widersacher des eigenen nationalen Projekts. Zu Tausenden wurden Menschen alleine deshalb ermordet. Dazu kam die politisch-weltanschauliche Dimension, in der Gegner nun als Kommunisten von den einen und als Klassenfeinde von den anderen verfolgt wurden. Die Sowjets terrorisierten unterschiedslos Grundbesitzer und Priester, Polen und Ukrainer die Geistlichen der jeweils anderen Konfession, und alle die lokalen Eliten ihrer Rivalen. Wo früher die Kaiserreiche auf eine Kooptation der Ober- und Führungsschichten in den polnischen und ukrainischen Territorien gesetzt hatten, standen diese nun unter Dauerverdacht als parteiische Agenten, die man mindestens überwachen, eher aber ausschalten musste.[9]

Einer nochmals ganz anderen Dimension von Gewalt war die jüdische Bevölkerung ausgesetzt. Der Antisemitismus führte zu Plünderungen, Pogromen und Massenmord. Die Russische Revolution stellte in dieser Hinsicht die entscheidende Zäsur dar, denn vorher war es zwar vereinzelt zu Gewalttätigkeiten gekommen, aber gerade die Mittelmächte hatten sich meist korrekt verhalten, Ausschreitungen verhindert und wichtige Schritte in Richtung Gleichberechtigung der Juden unternommen.[10]

Das änderte sich mit den Nationalbewegungen, die mit dem Zerfall der drei östlichen Imperien an die Macht gelangten. Sie träumten von ethnisch homogenen Staaten – in denen für die Juden kein Platz mehr war. Vordenker wie Roman Dmowski in Polen formulierten diese Gedanken und begründeten schon vor 1918 einen Antisemitismus, der erstmals die angestammte christliche Judenfeindschaft mit kulturellen Vorurteilen verband: «Je niedriger die Kultur einer bestimmten Provinz, je größer die wirtschaftliche Untätigkeit ihrer Bevölkerung, desto größer der Anteil der jüdischen Bevölkerung» – so Dmowski. Das war noch nicht biologistisch-rassistisch gedacht wie später im nationalsozialistischen Deutschland, aber doch ein weiterer Schritt in Richtung eines radikalen Hasses: Den Juden wurden nun Eigenschaften zugeschrieben, die sie nicht mehr durch Taufe ablegen und ändern konnten. Die Religion war damit nur ein äußeres Anzeichen einer unabänderlichen Andersartigkeit in Gegnerschaft zu Nichtjuden, die sich deshalb intensiv mit der «Judenfrage» beschäftigen müssten.[11]

Zu diesen nicht nur innerhalb der polnischen Nationaldemokratie populären Ideen traten Vorstellungen einer jüdischen Verschwörung zur Unterdrückung anderer Völker, für die exemplarisch die «Protokolle der Weisen von Zion» stehen. Das war eine zusätzliche Variante der Wahrnehmung, nach der während des Zarenreichs Juden aus den russischen Kerngebieten in die polnischen Lande eingedrungen seien, Russland sein Judenproblem also quasi exportiert und sich zugleich eine fünfte Kolonne geschaffen habe, weil diese Juden russlandhörig seien. Mit den polnischen Juden sei das passiert, was auch den ethnischen Polen drohe: Russifizierung. In dieser Form war Antisemitismus ein zentrales Bindeglied polnischer Politik, auf das sich fast alle Parteien verständigen konnten.[12]

Ständig wurden den Juden Loyalitätsbeweise abverlangt oder Treuebekundungen pauschal als unglaubwürdig zurückgewiesen. Da man ihnen generell die Neutralität absprach, gerieten die Juden umso mehr zwischen alle Fronten. Das war etwa in Lemberg zu beobachten, wo immerhin die Westukrainische Volksrepublik eine jüdische nationale Minderheit anerkannte. Juden dienten daraufhin in deren Armee, Arbeiter produzierten für ihre Belange. Den Polen jedoch galt das als illegitime Kollaboration mit dem Feind, selbst Neutralität sahen sie als Verrat an.[13] Es war die Ausgangslage des Pogroms von Lemberg vom 21. bis 23. November 1918 – und ein Muster, das sich im Krieg gegen Russland wiederholte. In ganz Osteuropa gab es wenig Verständnis dafür, dass die Juden sich in ethnisch umstrittenen und gemischten Gegenden neutral verhalten wollten. Sie versuchten das beispielsweise im Wilnaer Gebiet, was viel polnisches Misstrauen hervorrief und mit ein Grund für das Pogrom nach der Einnahme der Stadt am 19. April 1919 war, bei dem über 50 Juden ermordet wurden.

Angesichts dieser ethnischen Gewalt schienen die Bolschewiki ein bemerkenswertes Versprechen zu machen, denn sie gaben sich bewusst internationalistisch und areligiös. Viele Juden wollten im Kommunismus die einzige Macht erkennen, die Emanzipation, Ordnung und Sicherheit versprach. Allerdings stellte sich bald heraus, dass höchstens ein gradueller Unterschied bestand. Im polnischen Ostrołęka etwa ließen die Rotarmisten orthodoxe

Juden am Sabbat die Straße fegen, in Białystok beschlagnahmten sie Räumlichkeiten und Geld der jüdischen Gemeinde – jeweils mit der Begründung, hier gegen Religion als grundsätzliches Feindbild der Kommunisten vorzugehen.[14] In der Ukraine, wo es in der kurzen Periode zwischen Dezember 1918 und Dezember 1919 zu 1182 Pogromen kam, begingen sowjetische Truppen immerhin 106 davon. Damit lagen sie weit hinter Petljuras Einheiten, die für 439 verantwortlich zeichneten, oder denen der «Weißen» mit 213 Ausschreitungen.[15] Dennoch lässt sich wohl kaum von einer freundlichen Haltung der Roten Armee gegenüber Juden sprechen, für die letztlich jede neue Herrschaft mit Angst und Schrecken verbunden war.

Ein genauerer Blick auf die Handlungen der Soldaten, die Befehle ihrer Anführer und die Konsequenzen der Pogrome zeigt allerdings wichtige Unterschiede: Denikin stand ihnen gleichgültig gegenüber, weil es sich bei den Opfern nicht um Christen handelte; Petljura verurteilte die Taten verbal, ließ seine Untergebenen aber gewähren; in der Roten Armee hingegen gingen die meisten Offiziere scharf gegen antisemitische Gewalt vor, weshalb die Exzesse auf sowjetischer Seite durchschnittlich weniger Todesopfer forderten.[16] Außerdem mussten die Täter mit empfindlichen Sanktionen bis hin zur Todesstrafe rechnen. Das war in anderen Armeen nicht der Fall, wo die Ausschreitungen, wenn überhaupt, als ein Problem für die Disziplin behandelt wurden. Und es gilt noch weniger für die zahllosen unabhängigen Gruppen, meist Banditen oder Bauern, die unklare Herrschaftsverhältnisse nutzten, um Pogrome zu begehen. Eine Ausnahme in der gebeutelten Ukraine war lediglich Nestor Machno, der sich klar gegen antijüdische Gewalt wandte.

Auf dem Gebiet der heutigen Ukraine wurden schätzungsweise 100 000 Juden in den anhaltenden Kriegen in den Jahren nach 1917 ermordet. Dazu kamen weitere 200 000 jüdische Hunger- und Seuchentote, die über 50000 Waisen zurückließen. Über eine halbe Million Juden wurden Opfer von Raub oder Zerstörung ihres Eigentums – furchterregende Zahlen bei einer jüdischen Gesamtbevölkerung in der Ukraine von etwa 1,6 Millionen.[17] Freilich ist nur ein kleinerer Teil dieser Opfer tatsächlich dem Polnisch-Sowjetischen Krieg zuzurechnen, die meisten Massaker fanden im Russischen Bürgerkrieg sowie den Auseinandersetzungen zwischen Moskau und der Ukraine statt.

Jenseits dessen erwies sich beinahe jede Entwicklung in diesen Jahren als nachteilig für die jüdischen Gemeinschaften Osteuropas. Aber der Kommunismus war letztendlich die größte Katastrophe von allen – in Form der blutigen Feindschaft, die ihm überall entgegenschlug. Denn zum Antisemitismus, der schon vor dem Ersten Weltkrieg eine neue Form angenommen hatte, trat ein weiteres wirkmächtiges Element hinzu: die Vorstellung von der Judäokommune, die Gleichsetzung von Bolschewiki und Juden.[18] Einerseits entstand sie aus der Wahrnehmung, dass einige Anführer der Kommunisten, wie etwa Leo Trotzki oder Lew Kamenew, jüdischer Herkunft waren. Andererseits beobachteten viele Osteuropäer jüdische Sympathie für den Sozialismus und den Einmarsch der Roten Armee.[19]

Wie bei allen Vorurteilen handelte es sich auch hierbei um verzerrte und selektive Wahrnehmungen sowie deren unterschiedslose Zuschreibung auf eine ganze Gruppe. Die Attraktivität des Kommunismus als internationaler, nicht religiöser Ideologie für Juden bestand nun gerade im Gegensatz zu den Nationalbewegungen, die die Juden ausschlossen. Jedoch: Die allermeisten orthodoxen Juden interessierten sich überhaupt nicht für Politik, während umgekehrt bolschewistische Funktionäre mit jüdischen Wurzeln Religion als irrelevant betrachteten, weil sie sich bewusst einer atheistischen Bewegung angeschlossen hatten. Wegen ihrer zahlreichen sozialen, wirtschaftlichen und politischen

Spaltungen waren die osteuropäischen Juden außerdem weit davon entfernt, eine geschlossene, geschweige denn mächtige Gruppe mit einer Stimme zu bilden; das Bemühen um Neutralität und die Suche nach Protektion, zuerst durch die Mittel-, dann durch die Westmächte, waren Zeichen von Schwäche statt von Einfluss.[20]

Gerade im Osten Polens waren die Juden zudem schon alleine deshalb die ersten Ansprechpartner der Roten Armee, weil sie Russisch konnten. Die Inhalte dieser Kontakte erschlossen sich den Polen aber mangels entsprechender Sprachkenntnisse nicht, was das Misstrauen verstärkte. Ob hier tatsächlich Kollaboration stattfand oder nur notwenige Dinge geregelt wurden, wussten sie schlicht nicht. Tatsächlich waren diese Beziehungen für beide Seiten ein Problem: für die Juden, weil sie sich in polnischen Augen verdächtig machten; und für die Sowjets, weil ihre augenscheinliche Präferenz für die Juden für weite polnische Kreise nur das Vorurteil der Judäokommune bestätigte. Es war ein weiterer Grund, weshalb es den Kommunisten nicht gelang, nennenswerte Sympathien der Polen zu gewinnen.[21]

Doch nur wenige Osteuropäer waren für solche naheliegenden Erkenntnisse offen. Nüchterne Analysen, wie sie etwa für den polnischen Generalstab Anfang 1920 unter dem Titel «Der Bolschewismus und die polnische Sache» erstellt wurden, erlangten kaum Einfluss. Das ist umso erstaunlicher, als die luzide Klarheit dieser Betrachtung gerade im Konflikt mit Sowjetrussland von großer Relevanz war. Die unbekannten Autoren warnten davor, den Kommunismus als «Arbeit einer Gruppe jüdischer Banditen» zu verharmlosen. Man könne den Krieg nicht gewinnen, indem man den Feind herabwürdige, ihn als «Banditen» identifiziere «oder ihn beschuldige, Juden zu sein».[22] Zwar sei die von den Bolschewiki geschürte innere Unruhe potentiell eine Bedrohung, aber diese würde nicht von Juden ausgehen.

Abb. 6 Gedenkplakat für die Opfer des Pogroms in Pińsk, 1919.

Es war eine zutreffende Betrachtung, die sich wie eine Kritik der zahlreichen antisemitischen Ausschreitungen von Polen schon im Jahr 1919 liest.[23] Im mehrheitlich von Juden bewohnten Pińsk etwa hatten sich am 5. April mehrere Hundert Menschen im Heim der zionistischen Organisationen versammelt, um wohltätige Gaben des amerikanisch-jüdischen Joint Distribution Committee (Joint) für Pessach zu verteilen. Die Versammlung war von den polnischen Behörden erlaubt, aber der Militärbefehlshaber ließ das Gebäude umstellen und alle Anwesenden verhaften, weil er eine kommunistische Verschwörung vermutete. 35 Personen wurden noch in der gleichen Nacht exekutiert, die anderen überlebten nur dank des schnellen Eingreifens von Warschauer Behörden, die Joint kontaktiert hatte. Es gab eine umfassende Untersuchung im Sejm, die sogar Maßnahmen gegen die Verantwortlichen empfahl. Aber dazu kam es nicht – man kehrte den Vorfall unter den Tisch.[24] Die Devise dafür hatte Antoni Listowski ausgegeben, als er das Pogrom zwei Tage später mit den Worten legitimierte, das Verhalten der Juden in der Stadt gegenüber den Polen sei eine «himmelschreiende Undankbarkeit» gewesen.[25]

Derartige Ignoranz, ja Sympathie für die Mörder war die Regel, denn in vielen Fällen behaupteten die Soldaten, von Juden aus dem Hinterhalt beschossen worden zu sein. Die Pogrome waren in dieser Sichtweise nur eine aus dem Ruder gelaufene Selbstverteidigung. So sah es auch Józef Piłsudski, der zwar jegliche Gewalt gegen Zivilisten untersagte, aber in Wilna beobachtet haben wollte, wie Juden auf seine Soldaten gefeuert und sie sogar mit Handgranaten beworfen hätten.[26] Freilich war der Feldherr während der eigentlichen Kämpfe gar nicht selbst in der Stadt gewesen.

Im August 1920 erschossen polnische Soldaten im zentralpolnischen Płock nach einem Standgericht den Rabbiner Chaim Szapiro, weil er angeblich sowjetisches Feuer auf die Stadt gelenkt hätte. Andere Juden wurden mit der Begründung ermordet, sie hätten sich über die Niederlagen der Polen gefreut und den Sieg der Bolschewiki herbeigewünscht – schon derlei Vorwürfe konnten über Leben und Tod entscheiden, irgendwelche Handlungen waren nicht vonnöten.[27] Und im Juli 1920 argumentierten polnische Täter im heute belarussischen Mir mit den angeblichen Angriffen durch Juden in Minsk 1919, die dafür sanktioniert worden seien. Sie würden nun mit aller Härte gegen derartige jüdische «Verbrecher» vorgehen. In der perfiden Logik des Antisemitismus legitimierte ein Pogrom das nächste.[28]

Und so herrschte unter den jüdischen Gemeinden Osteuropas große Angst – und ebenso Wut auf die Mörder und das weitgehende Versagen von staatlicher Ordnung und Schutz. Isaak Babel beschreibt diese Gefühle: «Der Hass auf die Polen ist einhellig. Sie haben geplündert, gefoltert, dem Apotheker glühende Eisen an den Körper gehalten, Nadeln unter die Fingernägel, die Haare ausgerissen – dafür, dass man auf einen polnischen Offizier geschossen hatte – Idiotie.»[29] Freilich war derlei Reflexion auf Seiten der Täter kaum vorhanden, denn sie hätte Empathie mit den Opfern verlangt. Ganz im Gegenteil galt die von ihnen entzündete jüdische Feindschaft nur als weiterer Grund, um gewalttätig zu werden.

In der Perspektive der Generäle waren deshalb auch nicht ermordete Juden das Problem, sondern der damit einhergehende moralische Verfall der Soldaten. Nicht «Selbstverteidigung» störte sie, vielmehr ging es um das Brandschatzen und Plündern der Männer, die in ihrem Wahn jegliche Disziplin vermissen ließen. Exemplarisch stehen dafür die Ereignisse in Minsk, das die Polen am 8. August 1919 erobert hatten. Nach ihrem Einmarsch um 11 Uhr begannen erste Einheiten um 16 Uhr damit, jüdische Wohnungen und Geschäfte zu überfallen. Gegen Abend waren 32 Tote zu beklagen und das Rauben nach wie vor im Gange. General Stanisław Szeptycki schickte zum Schutze der Juden andere Truppen in die Stadt, die von ihren Kameraden beschossen wurden – es gab vier weitere Tote und neun Verletzte. Dieses Ereignis war auch der Grund für eine standgerichtliche Untersuchung gegen die eigene Truppe. Sechs Todesurteile wurden verhängt, obendrein stellte man keine Anzeichen für jüdische Angriffe auf polnische Soldaten, dafür aber 376 geplünderte Geschäfte fest, die fast alle Juden gehörten.[30]

In jener ersten Phase des Krieges mit Sowjetrussland gab es in Polen noch kein Militärstrafgesetzbuch. Erst nach dem Vorfall in

Minsk führte man ein Sondergesetz ein, um Soldaten für Diebstahl und Raub bestrafen zu können. Alleine der Bezirk Warschau, der nicht Schauplatz von Gefechten war, meldete 800 bis 1000 Fälle jeden Monat – nicht alle betrafen Juden, aber eben doch die Mehrzahl. Angesichts des Umfangs kann es nicht überraschen, dass 1920 zweimal eine Amnestie ausgesprochen wurde, um Soldaten für die Front freizusetzen. Zudem waren die Gerichte mit der Dimension der Gewalt vollkommen überfordert: In der Region Warschau etwa reichten die Kapazitäten für gut 100 Untersuchungen im Monat, also lediglich für etwa zehn Prozent der tatsächlichen Vorkommnisse.[31]

Längst nicht immer waren es nur einfache Soldaten, die sich an Juden vergriffen. Auch Offiziere waren voller Vorurteile und dachten nicht selten an ihren persönlichen Vorteil. Doch während der bei den Pogromen angerichtete Schaden groß war, blieb die persönliche Beute meist gering – weil die große Mehrzahl der Juden arm war. Der wohl berüchtigtste Plünderer und Mörder war der in polnischen Diensten stehende General Stanisław Bułak-Bałachowicz, der sich am ehesten als eine Art Warlord charakterisieren lässt. Er hatte nacheinander für den Zaren, die Bolschewiki und die weißrussische Nationalbewegung gekämpft, bevor er sich im Spätsommer 1919 den Polen anschloss. Vorangegangen war seine kurzlebige Schreckensherrschaft in der russischen Stadt Pskow. Bałachowicz' bevorzugte Opfer waren Juden, die er an Laternen aufhängen ließ, um Angst zu verbreiten. Noch als Anhänger der Kommunisten hatte er die Bauern der Umgebung terrorisiert, was er nach seinem Wechsel zu deren Gegnern damit begründete, dass er die Landbevölkerung gegen die Bolschewiki habe aufstacheln wollen.

In Bułak-Bałachowiczs' Armee dienten 41 Prozent Russen, 23 Prozent Ukrainer und 21 Prozent Weißrussen,[32] weshalb sie als eine Art fremdethnische Hilfstruppe Piłsudskis bezeichnet werden kann. Gerade deshalb aber wollte er sich kaum Anordnungen aus Warschau fügen und änderte auch nach dem Überlaufen seine Methoden nicht. Immer wieder trafen Berichte über Massaker seiner Einheiten in Warschau ein, etwa aus Kamień-Koszyrski, einem ostgalizischen Ort mit etwa 1200 Einwohnern. Fast die Hälfte davon – alles Juden – ermordeten seine Männer. Warschau hatte einige Mühe, den Vorfall herunterzuspielen.[33] Und noch 1921, als es bereits einen Waffenstillstand zwischen Polen und Sowjetrussland gab, kämpfte Bałachowicz als marodierender Freischärler im heutigen Belarus und beging weitere Massaker.[34]

Was dort in Gestalt eines Massenraubmords daherkam, war in kleinerem Maßstab auch in anderen polnischen Gebieten zu beobachten. Antijüdische Gewalt blieb keineswegs auf neu eroberte oder befreite Territorien beschränkt. In Städten wie Dąbrowa, Wieluń, Busk, Kalisz und vielen weiteren gab es im Jahre 1919 zahlreiche Pogrome, obwohl die Front mehrere Hundert Kilometer entfernt lag.[35] Die zuverlässigsten Untersuchungen gehen von 279 antijüdischen Vorfällen mit etwa 500 Todesopfern aus.[36]

Im polnischen Kernland waren nicht Rache für angeblichen Verrat oder bolschewistische Umtriebe die Ursache, sondern die Minderwertigkeitsgefühle aller Antisemiten: Die Bevölkerung sah sich selbst als Opfer, während sie die tatsächlichen Opfer als mächtige und verschlagene Täter wahrnahm. Für sämtliche Probleme, und besonders das eigene Scheitern, war man nicht selbst verantwortlich, sondern es waren die Juden. Diese sollten daher in den Pogromen für ihre vorgeblichen Vergehen bestraft werden – zu denen der Kommunismus zählte –,[37] weshalb die Gewalt häufig öffentlich zur Schau gestellt wurde und als performativer Akt verstanden werden muss. Es war eine Art sadistisches Straßentheater, eine pseudokorrekte Gerichtsverhandlung mit oftmals unter Folter erpressten Aussagen, bei der große Teile der Bevölkerung zusahen, ohne selbst aktiv zu werden.[38]

Symbolische Hauptangeklagte waren meist die Rabbiner, denen die Bärte geschoren wurden und die allerlei demütigende Handlungen ausführen mussten. Die Schändung von Synagogen und die Zerstörung von Thora-Rollen und anderen Sakralgegenständen gehörten untrennbar zu diesen Taten dazu. Einen geradezu archetypischen Exzess aus dem Frühherbst 1920 schildert Symche Jabkowicz aus dem Dorf Zbuczyn in Zentralpolen:

> Auf dem Weg schlugen uns nicht nur Soldaten, sondern auch vorbeikommende Dorfbewohner und jene aus Zbuczyn, sie brachten den Soldaten zerrissene und beschmutzte Thorarollen und befahlen mir, diese völlig zu zerreißen, und ihnen die restlichen Stücke vorzulesen [...]. Der befehlshabende Offizier teilte mit, dass er uns kurzzeitig am Leben lasse, aber er zwang mich und andere Gefangene zu singen ‹Es lebe Polen, verrecke der Rabbi›, was wir akribisch ausführen mussten und genauso den ‹Majufes› singen. [...] Einer der dastehenden Burschen sagte, dass ich Trotzki ähnlich sähe, und riss mir die Haare vom Kopf. Die unglückliche Gemeinschaft wurde gezwungen, dass einer den anderen anspuckte und ins Gesicht mit Fäusten schlug. Auf dem Weg von Zbuczyn nach Siedlce schlugen uns die Dorfbewohner mit Stangen und Gürteln und streiften uns die Hosen ab. Vor dem Eingang ins Gefängnis bewarf man uns mit Steinen.[39]

Jabkowicz' Aussage zeigt, wie wenig die Pogrome mit den aktuellen Kriegsentwicklungen zusammenhingen. Sie kamen auf dem Vormarsch genauso vor wie auf dem Rückzug, und selbst als die Rote Armee nach Osten flüchtete und die Polen verlorene Territorien zurückeroberten, blieben sie nicht aus. Auf beiden Seiten gab es Einheiten, in denen korrekte Offiziere diese Gewalt unterbanden – aber das Gegenteil war häufiger der Fall. Bei den Sowjets war Budjonnys Reiterarmee wesentlich öfter in antisemitische Ausschreitungen verwickelt als Tuchatschewskis Truppen im Nordosten.[40] Auf polnischer Seite hatten etwa die Soldaten des Generals Haller einen schlechten Ruf. Darunter waren hauptsächlich Freiwillige aus Frankreich und den USA,[41] was eindrucksvoll belegt, wie irrelevant Sozialisation und Herkunft waren, wenn es um Judenfeindschaft ging. Ein prominentes Beispiel dafür ist der weltgewandte spätere General Stanisław Rostworowski, der aus einer adligen Familie stammte und in Freiburg in Chemie promoviert hatte. Als Offizier schrieb er 1919 über die «wilden und primitiven russischen Horden unter jüdischer Knute» und darüber, dass die ostpolnischen Städte «wie Palästina» seien.[42]

Es wirkt wie ein Klischee über das internationale Judentum, dass die wirkmächtigsten Fürsprecher der polnischen Juden die westlichen Großmächte waren, die zumindest auf Warschau mäßigend einzuwirken suchten. Berichte über die Massaker im Osten gelangten immer wieder an die Weltöffentlichkeit, sei es durch Kriegskorrespondenten, Diplomaten oder Schreiben jüdischer Gemeinden an internationale Organisationen. Der Antisemitismus stellte sich für Polen und die Ukraine daher vor allem als Imageproblem dar, weil beide Staaten auf das Wohlwollen und die Waffenlieferungen der Alliierten angewiesen waren. Schon im Juni 1919 hatte Józef Piłsudski daher angeordnet, «feindliche jüdische Propaganda» nicht zu ignorieren, sondern sie «sofort zurückzuweisen» – bevor Untersuchungsergebnisse vorlagen.[43]

Die ganze Tragik dieses Schreibens liegt in dem Begriff der «feindlichen jüdischen Propaganda», mit dem Piłsudski klare Fronten zog: Berichte über antisemitische Vorfälle jeder Art, egal wie objektiv, seien stets gegen Polen gerichtet. Opfer waren in dieser Logik nicht die misshandelten und ermordeten Juden, sondern die eigene Nation. Weil «die» Juden angeblich Lügen verbreiteten – denn nichts anderes war Propaganda schließlich –, handelten sie böswillig und zeigten ihre Gegnerschaft zu Polen. Einmal mehr perpetuierten also höchste Stellen die Täter-Opfer-Umkehr, die jeglichen Antisemitismus auszeichnet und eine Auseinandersetzung damit so unendlich schwer macht.

Die Nationaldemokratie argumentierte nach außen hin ähnlich und sprach von lediglich spontanen Ausbrüchen wütender Polen, deren Zorn im Übrigen verständlich sei. Intern aber verurteilte man diese Ausbrüche und forderte interethnische Solidarität im Angesicht des Chaos.[44] Andererseits schrieb sogar der Sozialist Ignacy Daszyński im Juni 1919 davon, dass die in Wilna oder Lemberg getöteten Juden keinem Pogrom zum Opfer gefallen sein könnten, denn es habe in den Städten erbitterte Straßenkämpfe gegeben, in denen für die polnische Nation gestritten wurde. Nur in seltenen Fällen verurteilte die Polnische Sozialistische Partei tatsächlich antijüdische Gewalt, etwa im Falle von Pińsk, wo sie sogar explizit die Armee als Täter benannte.

Es war dieses Klima des Antisemitismus und der Bedrohung von Minderheiten, das die Alliierten zum sogenannten Kleinen Versailler Vertrag veranlasste, der erstmals explizit den Schutz ethnischer Gruppen verbriefte und ihnen das Recht auf ihre eigene Sprache, Religionsausübung und Schulen zubilligte. Es war ein Abkommen nur mit Polen, unterzeichnet wie der «große» Versailler Vertrag am 28. Juni 1919. Signatar war neben Ignacy Paderewski ausgerechnet der Erzantisemit Roman Dmowski. Tatsächlich unterschrieben beide Polen nur unter Protest, sahen aber keine andere Möglichkeit, die völkerrechtliche Anerkennung ihres Staates durch die Westmächte zu erlangen. Da der Minoritätenschutzvertrag allgemein als Nötigung empfunden wurde, als illegitime Einmischung in souveräne Innenpolitik und als Privilegierung der Juden, protestierten auch in Warschau Politiker jeglichen Spektrums dagegen, beugten sich aber letztlich den Notwendigkeiten und ratifizierten das Abkommen am 31. Juli im Sejm.[45] Doch die verbale Distanzierung und die Diffamierung des Vertrags als Werk des «Weltjudentums», das auf eine Schwächung Polens abziele, führten zu einer weiteren Welle antisemitischer Gewalt.

Deshalb entsandten die USA im Sommer 1919 eine Kommission aus einem britischen und drei amerikanischen Beobachtern, die eine Einschätzung zur Lage der Juden in Polen abgeben sollte. Der Leiter, Henry Morgenthau senior, war ein in die USA ausgewanderter deutscher Jude, der unter anderem als Botschafter im Osmanischen Reich starke Worte gegen den Genozid an den Armeniern gefunden hatte. Mit viel Bauchschmerzen stimmte Paderewskis Regierung diesen Beobachtern zu, vor allem weil die amerikanische Seite auf die Bedeutung der öffentlichen Meinung in dieser Sache hingewiesen hatte, von der letztlich jegliche Unterstützung für das Land abhänge.

Die amerikanische Perzeption freilich war so eindeutig nicht. Sogar der Botschafter in Warschau, Hugh Gibson, hatte die Pogrome als berechtigte Antwort auf die destruktive Arbeit der Juden bezeichnet. Er brachte Morgenthau wenig Sympathie entgegen, obwohl dieser wiederum explizit wegen seiner ausgesprochen positiven Haltung Polen gegenüber ausgewählt worden war.[46] In diesem Sinne sollte er sich glänzend bewähren: Die Kommission veröffentlichte zwei Berichte, die sich in der Exkulpation der polnischen Verantwortung überboten. Sie identifizierten seit Ende des Ersten Weltkriegs lediglich acht Vorkommnisse mit weniger als 300 Opfern, und keiner der Vorfälle sei einer irgendwie gearteten offiziellen Politik zuzuschreiben; vielmehr handle es sich um unwichtige lokale Ereignisse ohne weitere Bedeutung. Besser hätte es für Warschau nicht laufen können.[47]

Trotzdem unternahm Polen angesichts der andauernden Gewalt und der nicht abreißenden Kritik aus dem Ausland einige eher halbherzige Anstrengungen, um sich den Alliierten als toleranter Staat zu präsentieren. Seit März 1920 gab es etwa im Sejm ein Überparteiliches Jüdisches Komitee (Żydowski Komitet Międzypartyjny). Die kurzlebige Regierung von Władysław Grabski bezog deutlich Stellung gegen antijüdische Gewalt, mehr als die spätere von Wincenty Witos seit Juli 1920. Doch schon als Kriegsminister Kazimierz Sosnkowski wenig später Vertreter des Überparteilichen Komitees empfing, erklärte er ganz freimütig, dass 90 Prozent der Soldaten mit Judenhass aufgewachsen seien und man daher wenig gegen antisemitische Ausschreitungen machen könne; es fehle ihm in dieser Hinsicht schlicht an Autorität.[48]

Das war letztlich nur eine freundliche Umschreibung für den Unwillen polnischer Politiker, sich für die jüdische Minderheit einzusetzen. Zu groß war das Misstrauen, weshalb am 6. August 1920, als die Rote Armee auf Warschau vorrückte, vom Kriegsministerium die Anordnung kam, maximal fünf Prozent Juden in der Armee zu erlauben. Ganz offensichtlich fürchteten Piłsudski und Sosnkowski Verrat in den eigenen Reihen. Da der jüdische Anteil im Militär diese Quote deutlich überstieg – die Juden hatten sich keinesfalls der Wehrpflicht entzogen und leisteten einen proportionalen Beitrag zur Verteidigung des Landes –, schickte man die Soldaten in Arbeitsbataillone, um unter anderem Schützengräben auszuheben.

Die überstürzte Maßnahme führte zu Improvisation an allen Enden. Die jüdischen Soldaten sammelte man in Lagern in Zentralpolen, etwa in Wyszków, Piotrków, Szczakowa, Dąbie, Tuchola und Jabłonna. Die Bedingungen waren schlecht: Es gab keine Betten, zu wenig Essen, kaum Toiletten, und es mangelte an medizinischer Versorgung. Mehr noch: Nichtjüdische «Kameraden» aus Posen beschossen das Lager in Jabłonna am 23. August aus einem fahrenden Zug heraus. Bald nach dem Rückzug der Sowjets hob Warschau die Absonderung der Juden wieder auf, aber nicht wenige Politiker des rechten Lagers sahen den Erfolg der eigenen Waffen gerade in dieser Maßnahme begründet.[49]

Vergleichbare Gewaltexzesse wie in Osteuropa gab es gegen Juden in jenen Jahren nach 1918 im übrigen Europa nicht. Aber im Westen des Kontinents wurden nicht in Bürgerkriegen neue Staaten gegründet und es fanden keine existenzbedrohenden Kämpfe zwischen Kommunisten und Nationalisten statt. So sind diese massenhaften Pogrome einerseits ein territorial begrenztes Phänomen, andererseits zeitlich auf die Umbruchssituation begrenzt. Deswegen sind Erklärungsmuster angeblicher spezifisch osteuropäischer Geisteshaltungen wenig überzeugend – der Antisemitismus stellte einen grenzüberschreitenden Konsens dar. Er wurde immer dann und immer dort lebensgefährlich für die Juden, wenn sie als Unterstützer oder gar Anführer verfeindeter Nationen oder Ideologien galten. Gut 15 Jahre später sollte das in Deutschland der Fall sein.

In den Augen der Weltöffentlichkeit stand trotzdem Polen wie kein anderes Land für antijüdische Gewalt. Das galt, obwohl in der Ukraine eine ganz andere Dimension an Exzesstaten zu beobachten war – aber weder die Ukraine noch das «weiße» Russland sollten als Staat existieren. Und es galt, obwohl zeitgleich in Ungarn konterrevolutionäre Offiziere Tausende von Juden ermordeten.[50] Aber diese firmierten pauschal als Bolschewiken und Unterstützer des kommunistischen Anführers Béla Kun, was Gewalt weithin legitim erscheinen ließ: Es gab durchaus so etwas wie einen europäischen Konsens in Bezug auf die angebliche Judäokommune. Angesichts dessen hatte Polen tatsächlich eine überraschend schlechte Presse. Das war zwar nicht unverdient, aber doch einseitig, zumal Warschau offiziell jegliche Gewalt ablehnte und den Juden etwas widerwillig, aber dennoch, Minderheitenschutz gewährte. Dass dieser in ganz Europa häufig nur in Friedenszeiten etwas wert war, verdeutlicht die tragische Situation der Juden.

8. Die Schlacht um Warschau

Anfang August 1920 hatte die Rote Armee annähernd zwei Drittel des polnischen Staatsgebietes besetzt und rückte in einer Zangenbewegung auf Warschau vor. Aus Nordosten kamen Truppen, deren Kavallerie in der Höhe von Włocławek bereits die Weichsel erreichte; gleichzeitig stieß direkt aus Osten die Hauptstreitmacht Tuchatschewskis vor, die bei Brest auf breiter Front über den Bug gegangen war. Zudem gewann Budjonnys Reiterarmee im Südosten ebenfalls kontinuierlich Territorium und befand sich bereits in Schlagdistanz von Lemberg. Polens Lage war lebensbedrohlich, denn die Rote Armee schien nach wie vor das Momentum zu haben. Moskau rechnete fest mit dem Fall der polnischen Hauptstadt.

In Polen bereitete man sich ebenfalls darauf vor. Das diplomatische Korps wurde evakuiert – und doch berichtete der deutsche Geschäftsträger Herbert von Dirksen im Zug nach Posen von der «Physiognomie des unverwüstlichen und unbegreiflichen Optimismus, der die Stadt [Warschau] in den letzten Wochen kennzeichnete».[1] Aber Dirksen beobachtete auch einen starken Andrang an den Bahnhöfen und hohe Schwarzmarktpreise für Tickets, die anders gar nicht mehr zu erhalten waren, weil die Menschen vor der Roten Armee flüchteten. Józef Piłsudski äußerte sich noch skeptischer: «Ich konnte weder zu der moralischen Stärke der Truppen und der Einwohner der Hauptstadt noch zu den Führern der einen und der anderen Vertrauen fassen.»[2]

Die Entwicklung schien so bedrohlich, dass sogar die Westalliierten, die sich 1920 bislang eher skeptisch gegenüber den polnischen territorialen Ambitionen gezeigt hatten, einen Vorstoß zu Friedensverhandlungen machten. In ihrer Versailler Nachkriegsordnung war die Existenz von Polen eine Notwendigkeit, der Staat wurde insbesondere als Bollwerk gegen ein bolschewistisches Russland gebraucht. Und mehr noch, auch Deutschland sollte im Osten einen Nachbarn haben, der es einhegte und dank einiger Land- und Bevölkerungsgewinne zu dessen Schwächung beitrug.

England überreichte den Bolschewiki am 11. Juli 1920 eine Note mit dem Vorschlag eines Waffenstillstands. Vorgesehen als Grenze zwischen Polen und Sowjetrussland war das, was als Curzon-Linie bekannt war. Sie ging auf den britischen Außenminister Lord George Curzon zurück, der bereits am 8. Dezember 1919 eine ähnliche Grenzziehung ins Spiel gebracht hatte, damals noch unter Ausklammerung von Ostgalizien und Litauen. Bis auf kleinere Abweichungen entspricht Curzons 1920 präzisierte Idee der heutigen Ostgrenze Polens zu Belarus und der Ukraine. Das war für Warschau eigentlich inakzeptabel, weil es unter anderem den Verzicht auf Wilna, Brest, Grodno und vor allem Lemberg bedeutete.[3] Premierminister Władysław Grabski freilich hatte sich in seiner verzweifelten Suche nach Hilfe kurz zuvor doch zu dieser Linie bekennen müssen, um zumindest größere Teile seiner Heimat vor einer Invasion zu bewahren.

Für Sowjetrussland wiederum war es 1919 noch ein attraktives Angebot gewesen, aber ein halbes Jahr später eine unwillkommene Initiative: Man befand sich in der Offensive und wollte lieber mit einem schwachen Polen als mit dem starken Westen verhandeln. Außenminister Tschitscherin lehnte daher am 17. Juli ab, warf England imperialistische Einmischung vor, weil es bei Nichtannahme des Vorschlags mit Intervention gedroht hatte –

und bot eine Grenze an, die sogar östlich der Curzon-Linie lag. Allerdings nur, wenn Polen selbst um Frieden nachsuchte,[4] wovon Lenin sich eine stärkere Verhandlungsposition erhoffte.

Dazu kam es am 22. Juli tatsächlich. Bis zur Aufnahme von Verhandlungen sollte allerdings fast ein Monat vergehen. Moskau hatte in der Zwischenzeit einen Vertrag mit Litauen geschlossen, in dem dieses zwar nicht sowjetisiert, aber mit einigen territorialen Zugeständnissen endgültig ins eigene Lager gezogen wurde. Auch proklamierten die Bolschewiki am 30. Juli die Polnische, einen Tag später die Weißrussische und nochmals einen Tag später die Galizische Sozialistische Sowjetrepublik. Warschau verstand dies als Androhung der vollständigen Vernichtung.

Dennoch entsandte Piłsudski auf dem Höhepunkt der Schlacht um Warschau am 16. August eine Delegation nach Minsk. Die Sowjets belegten sie mit einer Ausgangssperre und verpflegten sie spartanisch, um so den Druck zu erhöhen und den Informationsfluss über die Kämpfe auf ein Minimum zu begrenzen. Tschitscherins Männer wollten nun nicht mehr über den britischen Vorschlag oder gar eine Grenze östlich davon sprechen, sondern im Grunde über die Sowjetisierung des ganzen Landes, de facto also über eine Kapitulation. Es bleibt letztlich eine kontrafaktische Überlegung, aber vermutlich hätte es eine realistische Chance für die Curzon-Linie gegeben, wenn Lenins Diplomaten dafür ähnlich offen gewesen wären wie die Piłsudskis. Aber nur wenige Tage später hatte sich die Lage vollkommen gewandelt. Man brach die Gespräche ab und verhandelte erst sehr viel später und unter ganz anderen Voraussetzungen in Riga wieder miteinander.[5]

Doch Anfang August war das alles noch nicht abzusehen. Tuchatschewski hatte seinen Soldaten den Befehl erteilt, bis zum 12. August Warschau zu erreichen und einzunehmen. Er wollte die Initiative nutzen, obwohl sich das Kräfteverhältnis inzwi-

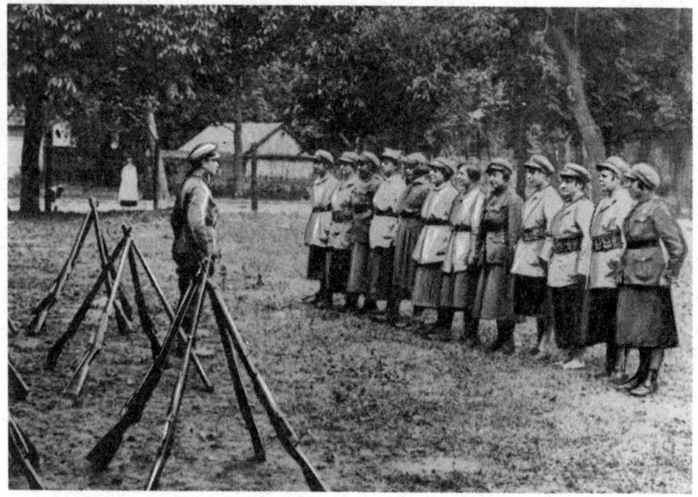

Abb. 7 Inspektion einer polnischen Frauenabteilung.

schen umgekehrt hatte: Nicht mehr die Rote Armee mit nur noch 116 000 einsatzfähigen Kämpfern war zahlenmäßig im Vorteil, sondern Polen mit 156 000 Soldaten – zu denen inzwischen sogar Frauen in Hilfsabteilungen gehörten.[6] Die zurückliegenden Wochen hatten keine bedeutsamen Schlachten mit vielen Toten gebracht, aber die Sowjets mussten doch Ausfälle durch Krankheit verzeichnen und Männer als Besatzer hinter der Front zurücklassen. Tote und Verwundete gab es selbstverständlich auch auf polnischer Seite, aber Tuchatschewski konnte Ausfälle von über einem Viertel nicht einfach so ersetzen, weil die Logistik aufgrund der Entfernung zu Russland immer komplizierter wurde. Für die Polen jedoch waren die Wege ins Gefecht nicht mehr lang und das Verschieben von Kräften aufgrund der kurzen inneren Linien einfacher. Und nach wie vor profitierten die Verteidiger von der Geographie, da die Pripjet-Sümpfe eine Koordination der sowjetischen Armeen erschwerten.

Hätte Tuchatschewski also anhalten sollen? Diese Frage stellte sich ihm nicht, denn die Anweisung aus Moskau war eindeutig: Vorwärts, Marsch! Im Nachhinein rechtfertigte der Oberbefehlshaber seinen Entschluss mit der angeblichen Agitation von Kapitalisten und Kirche, die erfolgreich Ressourcen gegen die Bolschewiki mobilisiert hätten: «Unsere Aufgabe war schwierig, gewagt und verwickelt; aber Weltprobleme kann man nicht mit Hilfe leichter Aufgaben entscheiden.»[7] Gerade in England und Frankreich sah er mächtige Verbündete Warschaus, die bedeutsame Hilfe leisteten. Aber auch das war mehr ideologische Verblendung als Realität, denn die polnische Ausrüstung blieb vollkommen unzureichend. Und die französische Militärmission mochte zwar zahlreich sein, aber auf ihre Vorschläge hörten die Polen nur sehr begrenzt. Von einer effizienten Zusammenarbeit konnte kaum die Rede sein. Ganz im Gegenteil beschwerte sich der Leiter dieser Mission, General Paul Henrys, immer wieder bei Piłsudski und dessen Generalstab über die ihm entgegengebrachte Ignoranz.[8] Dafür gab es Gründe, nicht zuletzt die wenig hilfreichen Ratschläge: Die Franzosen wollten nach wie vor ihre Erfahrungen des Stellungskrieges an der Westfront der Jahre 1914 bis 1918 zur Anwendung bringen und empfahlen Eingraben und Stillhalten. Es war ein Konzept, das nicht zu den Bedingungen des Polnisch-Sowjetischen Kriegs passte.

Die polnische Armee war Anfang August 1920 seit zwei Monaten auf dem Rückzug. Sie hatte keinen Halt finden können, sie war demoralisiert und geschwächt. Aber sie war nicht geschlagen. Piłsudski hatte das klar erkannt und setzte alles auf eine Karte. Er wollte eine Reorganisation aller seiner Einheiten erreichen, die Rote Armee vor Warschau und im Nordosten der Stadt hinhalten, während gleichzeitig eine starke Streitmacht im Süden, auf Höhe von Puławy, über die Weichsel vorstoßen und dem Gegner in die Flanke fallen sollte. Gedacht war an einen schnellen, mehrtägigen Marsch nach Norden in Richtung Bug, um dann nach Westen zu schwenken und mit einer Einkesselung des Feindes zu drohen. Im Idealfall könnte dieser zwischen Weichsel und Bug eingeschlossen und vernichtend geschlagen werden; oder er müsste, um dieses Desaster zu verhindern, einen schnellen Rückzug antreten. Die Hauptstadt wäre in beiden Fällen gerettet.

Der Plan war überzeugend, er hatte nur einen Haken: Im Südosten stand Budjonnys Reiterarmee kurz vor Lemberg. Sie hatte schon oft ihre Schlagkraft und vor allem ihre Schnelligkeit bewiesen. Würde sie stattdessen nach Norden schwenken und in Richtung Lublin vorgehen, fiele sie wiederum den Polen in den Rücken, die eigentlich Tuchatschewskis Einheiten umgehen sollten. Von den Stellungen Budjonnys waren es rund 200 Kilometer bis an die Weichsel – keine unüberwindbare Distanz für erfahrene Kavalleristen. Und um seinen Plan auszuführen, musste Piłsudski die Südostfront schwächen und darauf hoffen, dass die verbliebenen Truppen durchhielten. Wenn nicht, käme es zu einer Katastrophe, zur vollständigen Niederlage.[9]

Der polnische Operationsplan war naheliegend, selbst wenn die französischen und englischen Generäle noch nicht verstanden hatten, wie sehr es in diesem Krieg auf Schnelligkeit und Offensive ankam. Es brauchte wenig militärisches Genie, um das zu erkennen. Piłsudski traf im Sommer 1920 die Entscheidung gegen eine Verteidigung und für den Angriff, und darauf kam es an. Ausschlaggebend für den tatsächlichen Erfolg war, den Plan mit aller Konsequenz durchzuführen. Insofern belegt die durchaus komplexe Umgruppierung seiner Truppen die hohe Kompetenz des polnischen Generalstabs und die letztlich ungebrochene Moral zumindest des Offizierskorps.

Bemerkenswert war außerdem die Mobilisierung der Gesellschaft. Zahllose Freiwillige meldeten sich, um zu kämpfen oder auf andere Weise die Truppe zu unterstützen. Große Menschenmengen begaben sich in die östlichen Vororte Warschaus, um dort Schützengräben und Verteidigungsstellungen auszuheben – darunter viele Juden. Frauenkomitees nähten Uniformteile und Fahnen für die Armee und versorgten die in der Nähe stationierten Soldaten mit Essen. Sogar aus der Arbeiterschaft, die man auf beiden Seiten der Front der Sympathie für den Kommunismus verdächtigte, strömten viele Männer ins Militär. Es zeigten sich allerdings auch die Grenzen des Patriotismus, wenn sich einfache Arbeiter in Bataillonen wiederfanden, die zahlenmäßig von Studenten und Intellektuellen dominiert wurden. Die Dominanz des Bürgertums in den Freiwilligenorganisationen rief den Eindruck hervor, hier würde eine Art «Weiße Garde» angeworben. Noch blieb der Burgfrieden gewahrt, die Bolschewiki kamen nie ernsthaft in die Nähe einer innerpolnischen Revolution. Doch die Meldungen über soziale Spannungen schienen so gravierend, dass sich sogar Piłsudski damit befasste.[10]

Andererseits erreichte der Zusammenhalt der im Sejm versammelten Parteien in jenem Sommer 1920 einen Höhepunkt. Der Topos des «antemurale», von Polen als Bollwerk gegen die vor den Mauern stehenden «tataro-byzantinistischen» Feinde aus dem Osten, war Grundlage für einen breiten überparteilichen Schulterschluss. Verbunden mit den Vorstellungen eines Reiches zwischen Schwarzem Meer und Ostsee, sahen sich Politiker in Warschau nun mehr denn je als Zentrum eines Zusammenschlusses der Völker Ostmitteleuropas. Diese müssten vereint gegen die bolschewistische Gefahr stehen – und durchaus auch gegen die Deutschen, die man misstrauisch beobachtete, weil stets ein Dolchstoß in den Rücken und ein Bündnis zwischen Berlin und Moskau drohe.[11] Die Stilisierung des Landes an der Weichsel gegen die «Unkultur» des Ostens war hauptsächlich ein außenpolitisches Argument, das allerdings langfristig wirken sollte. Zunächst und kurzfristig ging es darum, den Angriff der Roten

Armee zu überleben und als Staat überhaupt weiter zu existieren. Das immerhin war innenpolitisch vollkommen unumstritten.

Piłsudski gab den Befehl zur Umgruppierung seiner Truppen bereits am 6. August. Seine Entscheidung basierte auch auf der polnischen Funkaufklärung, die fortlaufend über die sowjetische Kommunikation an den Generalstab berichtete. Wie erwähnt, war das auf taktischer Ebene kaum nutzbar. Doch für die operative Planung erwies es sich als bedeutsam, selbst wenn in Warschau immer Zweifel mitschwangen, ob der Dechiffrierungscoup nicht aufgeflogen war und der Gegner nun gezielt falsche Informationen sendete. Mitte 1920 kannte Piłsudski jedenfalls die ungefähren Mannschaftsstärken der ihm gegenüberstehenden Verbände. Außerdem musste er von einem Schwenk Budjonnys nach Norden in Richtung Lublin ausgehen, was seinen Aufmarsch empfindlich gestört oder sogar unmöglich gemacht hätte. Tuchatschewski hatte in Moskau erfolgreich auf diese Umgruppierung gedrängt, weshalb entsprechende Anweisungen an die Südostfront ergingen. Für Piłsudski bedeutete das, seine Absichten mit höchster Eile auszuführen, um einem vernichtenden Angriff der Roten Reiterarmee zuvorzukommen.[12]

Zugleich musste Warschau gegen einen direkten Sturm von Tuchatschewskis Infanterie verteidigt werden, denn ein erfolgreicher Stoß in die bolschewistische Flanke nützte nichts, wenn die Hauptstadt währenddessen verlorenging. Piłsudskis Plan sah deshalb eine starke frontale Verteidigung Warschaus vor. Die alten zarischen Festungen in Modlin und Dęblin, riesige Stützpunkte mit starken Mauern, sicherten im Norden und Süden die Flanken, um eine Umgehung zu verhindern. Direkt vor der Stadt griff man auf Hinterlassenschaften der Deutschen zurück und nutzte deren Stellungen aus dem Weltkrieg. Mehrfach gestaffelt und mit vielen Artilleriebeobachtungsposten ausgestattet, waren

Abb. 8 Polnische Verteidigungsstellung 1920 mit einem alten k. u. k.-Maschinengewehr.

sie nach wie vor ein substantielles Hindernis für jeden Gegner. In den Worten des Generals Żeligowski: «Man muss ihnen [den Deutschen] zugestehen, dass sie diese sehr gut gemacht haben.»[13]

In Radzymin, einer Kleinstadt 15 Kilometer östlich von Warschau, kam es am 14. August zum Aufeinanderprall. Nikolaj Sollogub war mit seiner russischen 16. Armee eingetroffen und setzte zum Sturm an. Anfänglich mussten die Polen zurückweichen, aber es war ein brutales Gefecht mit hohen Verlusten auf beiden Seiten. Am Ende hielten die polnischen Stellungen, den Sowjets gelang kein Durchbruch. Der Abschnittskommandant Józef Haller warf einen Tag später seine Reserven in die Bresche und setzte Panzer ein – mit Erfolg. Radzymin war gegen Abend wieder polnisch. Am nächsten Morgen ging er selbst in die Offensive, und zwei Tage später war die Rote Armee 25 Kilometer zurückgedrängt. Es war ein psychologisch enorm wichtiger Sieg, der rasend schnell die Runde machte und sich entscheidend auf den Durchhaltewillen der bedrohten Hauptstadt auswirkte. Militärisch allerdings war er wenig bedeutend und kaum überraschend, denn an diesem schwer befestigten und bemannten Abschnitt hätte es einer viel stärkeren personellen und materiellen Überlegenheit bedurft, als sie Sollogub aufzubieten in der Lage war. Der Sieg war aber auch wenig bedeutend. Haller hatte eine blutige Schlacht gewonnen, aber der Krieg wurde anderswo entschieden: Die wirkliche Bedrohung Warschaus war eine Umfassung mit anschließender Belagerung; ein direkter Einmarsch, womöglich mit aufreibendem Häuserkampf, lag nicht im Interesse der sowjetischen Generalität.

Bedeutsamer war deshalb, dass im Norden weder Gais Kavalleriekorps noch die 4. sowjetische Armee zur Umgehung von Warschau ansetzen konnten. Władysław Sikorski befehligte dort 26 000 einsatzbereite Soldaten, hauptsächlich allerdings Freiwillige und weniger kampfkräftige Einheiten. Dennoch gelang ihnen ein spektakulärer Gegenschlag, als sie für wenige Stunden die Stadt Ciechanów zurückeroberten und damit die Koordination ihres Gegners empfindlich störten. Mit einem Panzerzug fuhren die Polen auf der Bahnlinie von dort nach Modlin, wo der Angriff den Ausgang genommen hatte. Auf halbem Weg waren sie in Nasielsk erneut siegreich. Die Rote Infanterie war so an diesem Frontabschnitt vor allem damit beschäftigt, verlorenes Terrain zurückzugewinnen; an einen Vormarsch war nicht zu denken. Gleichzeitig konnte das Kavalleriekorps, das im Norden Polens empfindliche Schläge ausführte, nicht weiterreiten, da es schon zu diesem Zeitpunkt den Kontakt zur Hauptstreitmacht weitgehend verloren hatte und an Munitionsmangel litt.[14]

Über die sowjetischen Absichten waren die Polen dank ihrer Radioaufklärung vorab im Bilde und konnten entsprechend reagieren.[15] Das letztendlich entscheidende Geschehen spielte sich freilich südlich von Radzymin ab. An diesem Frontabschnitt, fast hundert Kilometer von Warschau entfernt, hatte Piłsudski einmal mehr selbst das Kommando übernommen. Es waren gerade 20000 Soldaten, denen er am 16. August befahl, die Weichsel zu überschreiten und in den Rücken des Feindes vorzustoßen. Das gelang verblüffend leicht, weil die Rote Armee nicht mit diesem Schritt gerechnet und gegenteilige Geheimdiensterkenntnisse als Desinformation abgetan hatte.[16] So marschierten die Polen beinahe ohne Gegenwehr annähernd 120 Kilometer in nur drei Tagen. Piłsudski war zu diesem Zeitpunkt bereits nach Warschau zurückgekehrt, um sich einen Gesamtüberblick zu verschaffen: Nur wenn die anderen Frontabschnitte durchhielten, konnte seine Operation erfolgreich sein. Am 18. August blickte er erstmals seit Langem wieder etwas zufriedener auf eine Karte, denn die Lage hatte sich tatsächlich merklich entspannt: Die Schlacht um Warschau war gewonnen – in einiger Entfernung zur Hauptstadt – und die Initiative auf die polnische Armee übergegangen.

Nun waren es Tuchatschewskis Armeen, die sich auf der Flucht befanden. Während die 16. vor Radzymin eine Niederlage erlitt, war die 4. von unterlegenen Kräften taktisch überrumpelt worden und konnte nicht im Norden an Warschau vorbeigehen. Die 3. und die 15. Armee, auf minimalem Raum zwischen diesen beiden Schauplätzen aufmarschierend, hatten kaum in die Gefechte eingreifen können, ihnen fehlte der Platz zum Manövrieren. Sie alle erhielten nun neue Befehle, weil Piłsudskis Angriff ihnen den Nachschub abzuschneiden und sie einzukesseln drohte. Die Umstellung von Vor- auf Rückmarsch gelang trotz anfänglichen Zögerns und von Polen blockierter Funkkommunikation bemerkenswert gut: Bereits am 22. August war das Zentrum von Tuchatschewskis Streitmacht über 150 Kilometer von Warschau entfernt; hart bedrängt zwar von den Polen, aber nicht entscheidend geschlagen. Das galt selbst für das Kavalleriekorps, das ohne jegliche Versorgung einer Umkreisung entging und sich letztlich in Ostpreußen den Deutschen ergab, die die Reiter entwaffneten und vorübergehend internierten. Es war eine weitere Niederlage – aber keine vernichtende.

Piłsudski billigte seinem Gegner im Nachhinein zu, dass die Strategie des Angriffs auf Warschau nicht verkehrt gewesen sei. Ohne kalkuliertes Risiko könne man schlicht nicht erfolgreich Krieg führen. Tuchatschewski habe aber zwei Fehler gemacht: Entweder hätte er viel stärker auf den Zusammenschluss mit Budjonnys Truppen im Süden drängen und darauf warten müssen, bevor er zum Schlag auf die Hauptstadt ansetzte; oder aber er hätte Warschau noch schneller und entscheidender attackieren müssen, gewissermaßen im Sinne der ursprünglichen Befehlslage bis zum 12. August. Er wäre dann der Gegenoffensive zuvor gekommen.[17]

Diese Schlussfolgerung teilten später beide Feldherren. Tuchatschewski wies ganz zu Recht darauf hin, dass sowjetische Truppen, die auf Lublin vorrückten und damit in Schlagdistanz zu Piłsudskis Aufmarsch auf der anderen Weichselseite gelangten, ein Überschreiten des Flusses verhindert hätten – es wäre ein viel zu großes Wagnis gewesen. Den Frontalangriff auf Warschau tat Tuchatschewski später als eine Art Versehen ab.[18] Diese Argumentation ist durchaus überzeugend, denn die Schlacht um Radzymin war in der Tat von der Roten Armee nur mit begrenzten Kräften geschlagen worden. Gleichzeitig blieb die Umgehung Warschaus, zu der letztlich nur das Kavalleriekorps ansetzte, ebenfalls erfolglos.

9. Helden und Versager: Der Piłsudski-Mythos und die Schuldzuweisungen in der Sowjetunion

Während Tuchatschewski mit der Eroberung Warschaus scheiterte, gelang es Budjonny nicht, Lemberg einzunehmen. Seine ursprünglich 16 700 Kavalleristen waren Anfang August zwar nahe an die galizische Hauptstadt herangekommen, aber dieses Vordringen war langsam und hart erkämpft: Wo Gais Reiter im Juli 1920 etwa 600 Kilometer zurücklegten, schafften Budjonnys nur etwas mehr als hundert. Anfang August gelang ihnen in Brody zwar ein wichtiger Sieg, aber auch nur, weil sich die anfangs durchaus standfesten polnischen Einheiten zurückziehen mussten, um die Gegenoffensive Piłsudskis zu decken und zu verstärken.

Nach diesem Erfolg schien eine Pause für die Reiterarmee mehr als notwendig. Budjonny ging also nicht zur Verfolgung des Gegners über, sondern ordnete eine Rast an. In diesen ersten Augusttagen traf bei ihm zunächst, am 6. August, aus Moskau der Befehl ein, Vorbereitungen für einen Marsch auf Lublin zu treffen. Ab dem 10. August unterstand er nicht mehr dem Kommando des Generals Alexander Jegorow und seines Politkommissars Josef Stalin, sondern dem von Tuchatschewski.[1] Das war allerdings nicht gegen Piłsudskis Aufmarsch gerichtet, sondern sollte auf eine Art strategische Reserve hinauslaufen, die bei Bedarf den Polen in die Flanke fallen könnte. Tuchatschewski freilich war in Smolensk weit entfernt davon, direkte Kommandos zu geben: Die Funkverbindung über Kiew war höchst unzuverlässig, mehr als einmal trafen Sendungen nicht oder nur verstümmelt ein. Hierauf beriefen sich Jegorow und Stalin. Sie argumentierten später, die Order zum Angriff auf Lublin nicht beziehungsweise nur mit großer Verspätung erhalten zu haben; und als es dann doch der Fall war, hatten sie dagegen protestiert.

Sie erteilten Budjonny den Befehl, Lemberg einzunehmen. Das war schon länger ein Ziel der Reiterarmee und versprach erheblich mehr Ruhm als Gefechte im Lubliner Raum. Nicht zuletzt war mit Lemberg das Tor zu den Karpaten weit offen, waren die Tschechoslowakei und Ungarn in Reichweite. Und wenn man tatsächlich eine Weltrevolution durch Waffen erzielen wollte, dann schienen diese Länder höchst interessant – immerhin hatte Ungarn im Sommer 1919 unter Béla Kun bereits einmal eine Räteregierung gehabt. Als Budjonny am 14. August dann die zwei Tage vorher aus Moskau erneut abgesandte Nachricht erhielt, Tuchatschewskis Oberbefehl unterstellt zu sein, war er westlich von Brody bereits in heftige Kämpfe mit polnischen Einheiten verwickelt, die ihm den Weg ins galizische Herzland versperrten.

Direkt von Tuchatschewski erhielt die Reiterarmee am 14. August, als die Schlacht von Warschau schon tobte und mehr oder weniger zu Gunsten Polens entschieden war, die konkrete Aufforderung, in Richtung Nordosten und Lublin abzudrehen. Jetzt allerdings zeigte sich Budjonny unwillig, der Anordnung Folge zu leisten. Er wollte zunächst Lemberg einnehmen und dann erst zur Verfügung stehen. Am 19. August antwortete er, die inzwischen beinahe vollständig eingeschlossene Stadt falle spätestens in drei Tagen, danach marschiere er sofort in Richtung Warschau. Auf Tuchatschewskis erneuten Befehl drehte er einen Tag später dann doch ab und verschonte Lemberg.[2]

Die Schlacht um Warschau war da schon verloren, die Hauptstreitmacht der Roten Armee auf dem Rückzug, und auch in Moskau sickerte langsam die Erkenntnis durch, dass der Krieg um Polen keinen Sieg bringen würde. Es war an der Zeit, sich den Realitäten zu stellen. Nicht nur im Kommunismus bedeutete das die Suche nach einem Schuldigen. Lenin wies jegliche Verantwortung weit von sich. Für ihn habe es sich beim Einmarsch in Polen lediglich um Hilfe bei der Sowjetisierung gehandelt, gegen die im Politbüro auch niemand argumentiert habe. Letzteres Argument war nicht ganz unzutreffend, denn in der Tat hatten sich weder der Rat der Volkskommissare noch das Zentralkomitee oder das Politbüro mit dem Thema überhaupt beschäftigt.[3] Umgekehrt aber konnte Lenin auch keinen formellen Beschluss vorweisen, der das Vorgehen gebilligt hätte; ganz im Gegenteil hatten sich beispielsweise Trotzki und Stalin eher skeptisch gezeigt, was die sowjetischen Aussichten in Polen betraf.

Gerade darüber wollte Lenin allerdings nicht diskutieren. Er lenkte daher die Debatte auf das militärische Geschehen:

> Bei unserer Offensive, bei unserem allzu raschen Vormarsch bis fast vor Warschau ist zweifelsohne ein Fehler begangen worden. Ich will jetzt nicht untersuchen, ob das ein strategischer oder ein politischer Fehler war, denn das würde zu weit führen. Ich glaube, das sollte man künftigen Geschichtsschreibern überlassen. […] Jedenfalls liegt aber ein Fehler vor, und dieser Fehler wurde dadurch hervorgerufen, dass wir das Übergewicht unserer Kräfte überschätzt hatten.[4]

Mit dieser Blickrichtung gelang es ihm, Trotzki auf seine Seite zu ziehen – es ging nicht mehr darum, dass dieser mit Skepsis auf den Krieg in Polen geblickt hatte, sondern um die Kriegführung selbst.

Trotzki wiederum ergriff die Chance, um seinen innerparteilichen Gegner Stalin für das Desaster verantwortlich zu machen. Er zieh ihn der Befehlsverweigerung und der Eigenmächtigkeit. Stalin verwies auf seine tatsächlich vorab geäußerte generelle Skepsis sowie die unklare Befehlslage. Er habe die Befehle deshalb nicht an Budjonny weitergegeben, weil diese nicht auch von Tuchatschewskis Politoffizier Ivars Smilga unterzeichnet gewesen waren. Und in der Tat: Das war Vorschrift, weil die Bolschewiki den vielen zarischen Offizieren in den Reihen der Roten Armee kein volles Vertrauen schenkten und ihnen deshalb gleichberechtigte Parteimitglieder zur Seite stellten, die alle Anordnungen billigen mussten.[5]

Stalin hatte außerdem eine gewisse militärische Logik auf seiner Seite, denn seine Order, Lemberg einzunehmen, stammte vom 12. August – dem Datum, an dem Warschau laut Tuchatschewskis Befehlen bereits gefallen sein sollte. Wenn also die polnische Hauptstadt bereits in sowjetischer Hand war – oder zumindest die Truppen der Nordostfront in heftige Kämpfe verwickelt –, wären Budjonnys Reiter kaum von irgendwelcher Relevanz für diese Schlacht gewesen. Für Stalin war es ganz klar Tuchatschewskis Schuld, wenn in Polen kein Sieg errungen wurde. Schlimmer noch, dieser hatte ihm die Eroberung von Lemberg unmöglich gemacht, Kriegsruhm verwehrt und war zudem der Grund dafür, dass das Zentralkomitee so hart mit ihm ins Gericht ging.

Mit seiner Sichtweise drang Stalin nicht durch. Lenin und Trotzki waren sich darin einig, ihn zum Alleinschuldigen zu machen.[6] Das nicht zuletzt deshalb, weil sie so Tuchatschewski vor Anschuldigungen bewahren konnten – jenen General, der letztendlich Lenins Befehl zur Eroberung Polens umzusetzen versucht hatte. Indem dessen auf Lenins Absichten zurückgehende Strategie also außer Diskussion stand, musste der Fehler anderswo liegen. Tuchatschewski selbst hatte die Befehlsverweigerung Budjonnys als Grund für das Scheitern benannt und damit absichtsvoll verkannt, dass er diesem den Angriff in Piłsudskis Flanke erst befohlen hatte, als es bereits zu spät war. Es wäre ein siegversprechender Plan gewesen, aber die Notwendigkeit dafür sah Tuchatschewski erst im Nachhinein – ganz abgesehen davon, dass eine Absicht noch nicht deren Gelingen impliziert.

Auf dem Parteitag der Bolschewiki triumphierte Trotzki mit seinen Anschuldigungen gegen Stalin, dem er vorwarf, persönliche Ziele über die der Partei gestellt zu haben: «Er wollte um jeden Preis in Lemberg zur gleichen Zeit einziehen, wie Smilga mit Tuchatschewski in Warschau. Es gibt Menschen, die auch solche Ambitionen haben!»[7] Das war eine Deutung, die bis heute wirkt. Temporär fiel Stalin, der wie alle anderen Beteiligten in diesem «blame game» auch auf eigene Rechnung gespielt hatte, in Ungnade. Das Politbüro kürte mit ihm einen Sündenbock, dessen Anteil an der Niederlage in Zentralpolen freilich recht gering war.

Erstaunlicherweise blieb ein weiterer Beteiligter von Kritik verschont: Sergej Kamenew, der Oberkommandierende der Roten Armee. Er war es, der überhaupt erst Budjonnys Unterstellung unter Tuchatschewski verfügt hatte. Als Vorgesetzter der Generäle an beiden Fronten wäre seine zentrale Aufgabe deren Koordination gewesen; getrenntes Marschieren und vereintes Schlagen, was alleine vor Warschau einen Sieg in den Bereich des Möglichen gerückt hätte, wäre von ihm zu veranlassen gewesen. Eine solch komplexe Operation erforderte unbedingt einen starken Anführer, der die Kontrolle ausübte. Aber gerade diese Rolle konnte Kamenew nicht einnehmen, weil er zwar Trotzkis uneingeschränkten Rückhalt genoss, aber als ehemaliger zarischer Offizier stets kritisch beäugt wurde. Lenin erkannte das im August 1920, als die Schlacht um Warschau bereits tobte – freilich war es da schon zu spät. Dennoch entging Kamenew einer Rüge durch die Partei, auch deshalb, weil mangelnde Koordination, ganz anders als Insubordination oder persönliche Ambitionen Einzelner, immer auf die Spitze zurückgefallen wäre.

Bei den Gewinnern sah es mit der Anerkennung der Verdienste zunächst kaum besser aus. Die Alliierten feierten General Maxime Weygand als den eigentlichen Sieger von Warschau. Sie hatten ihn Ende Juli 1920 als gemeinsamen Chef ihrer Militärmissionen nach Polen entsandt, aber Piłsudski machte ihm bereits bei ihrer ersten Begegnung klar, dass er keinesfalls das Kommando übernehmen könne, sondern unerwünscht sei – wenn er keine Truppen stelle, habe er nichts zu sagen. Weygand blieb also Berater. Trotzdem galt es im Westen für viele Jahre als ausgemacht, dass nur einer aus seinen Reihen eine desaströse Lage in einen glorreichen Sieg verwandeln könne. Weygand, ein Held des Ersten Weltkriegs, schien dafür wie gemacht, denn er vertrat die Strategien des Schützengrabenkrieges, der in der westlichen Militärdoktrin jener Zeit als allein seligmachend galt. Und war nicht die Schlacht um Warschau ein Triumph hinhaltender Defensive?

Zugleich war Piłsudski nicht besonders wohlgelitten, man gönnte ihm keinen Ruhm. Und sogar die Sowjetunion betonte Weygands tatsächlich relativ unbedeutende Rolle – sie beschränkte sich hauptsächlich darauf, die Verteidigungslinien um Warschau an einigen Stellen verstärkt zu haben –, weil sie damit einen Imperialisten als Grund für die Niederlage des Kommunismus präsentieren konnte. Verloren hatte man demnach nicht gegen den Mittelstaat Polen, sondern gegen die vereinten Kräfte der kapitalistischen Welt, angeführt von einem ihrer prominentesten Militärs.[8]

In Polen zerbrach der innenpolitische Burgfriede, sobald die unmittelbare Gefahr gebannt war. Piłsudskis nationaldemokratische Gegner gingen zum Angriff über, da sie klar erkannten, wie sehr dieser Erfolg die politische Position des Marschalls stärken würde.[9] Sie wollten ihm keinen Ruhm gönnen und präsentierten deshalb alternative Erklärungen für den Sieg. Der Sejmabgeordnete Stanisław Stroński prägte den Ausdruck vom «Wunder an der Weichsel» («Cud nad Wisłą») und zielte damit auf göttliches Wirken ab, auf ein himmlisches Ereignis, das ohne menschliches Handeln zustande gekommen sei. Demnach habe die Schwarze Madonna von Tschenstochau, die Schutzpatronin Polens, «ihren» Truppen bei der Verteidigung Radzymins geholfen. Wie mehrere Soldaten berichteten, sei sie in einer feurigen Wolke erschienen und habe die Rotarmisten in Konfusion gestürzt. Nicht Piłsudski habe also den Sieg gebracht, sondern Maria.[10]

Es war eine Interpretation, der die katholische Kirche nur zu gerne folgte. Sie sah Piłsudski, den vormaligen Sozialisten, mit großer Skepsis. Als wahren Helden präsentierte Erzbischof Aleksander Kakowski den Priester Ignacy Skorupka, der am 14. August 1920 in der Schlacht um Razdymin gefallen war. Als Freiwilliger war er mit den polnischen Truppen ins Gefecht gezogen und hatte wahlweise – die Umstände sind nicht vollständig geklärt – entweder mit dem Kreuz in der Hand die Attacke geführt oder aber die Verwundeten gesalbt, als ihn eine Kugel traf. Piłsudskis Gegner bauten die Erinnerung an Skorupka als eine Gegenerzählung auf, man benannte Straßen nach ihm und errichtete Denkmäler, und sogar Papst Pius XI., während der Schlacht um Warschau noch Nuntius in Polen, ließ später in Castel Gandolfo ein Wandgemälde des Helden schaffen.

Zugleich dankte in Paris der nationaldemokratische polnische Botschafter, Graf Maurycy Zamoyski, der französischen Regierung dafür, Maxime Weygand nach Warschau entsandt zu haben, dessen Wirken erst den Sieg gebracht habe. Immer neue Akteure führte die Nationaldemokratie als entscheidend ins Feld, aber lediglich mit Generalstabschef Tadeusz Rozwadowski kam sie den Tatsachen nahe,[11] denn ohne dessen Energie und Geschick bei der Umsetzung von Piłsudskis Strategie hätte Polen nicht über die Rote Armee triumphiert. Rozwadowski war der ideale Partner für den aufbrausenden und emotionalen Marschall, da er mit seinem Organisationstalent, seiner Nüchternheit und dank seiner Ausbildung als österreichisch-ungarischer Offizier dessen militärische Defizite ausglich. Doch so sehr sich die beiden ergänzten, die Rollenverteilung war immer klar: Rozwadowski setzte das um, was Piłsudski vorschwebte. Der Erfolg des Letzteren lag deshalb nicht zuletzt in seiner glücklichen Personalauswahl begründet.

Trotzdem dauerte es viele Jahre, bis sich das Bild von Piłsudski als eigentlichem Sieger vor Warschau durchgesetzt hatte. Dieser Prozess war ein Lehrbuchbeispiel für das Erringen von Diskurshoheit, denn die Unterstützer des Marschalls wiesen die Vorstellung von einem «Wunder» nicht zurück, sondern übernahmen sie und schrieben das Wunder ganz einfach dem Oberbefehlshaber zu. Sie verkehrten damit die ursprüngliche Intention und Interpretation der Nationaldemokraten ins Gegenteil. Zu Piłsudskis Lebzeiten gehörte die Schlacht um Warschau noch nicht zum Kanon der politischen Feierlichkeiten in Polen.

Wenn die Anhänger des Marschalls ihn in den 1920ern Jahren als Vater der wiedergegründeten Rzeczpospolita zelebrierten, dann bezog sich das vor allem auf den 16. August 1914, als Piłsudski die Polnischen Legionen ins Leben gerufen und, in dieser Lesart, die entscheidende Grundlage für den späteren Staat geschaffen hatte. Die Nationaldemokraten dagegen feierten einen Tag früher das «Wunder an der Weichsel» von 1920, das in ihren Augen schließlich nichts mit Piłsudski zu tun hatte.[12] Das Belweder-Lager, wie Piłsudskis politische Gefolgschaft nach seinem Amtssitz in diesem Warschauer Schlösschen genannt wurde, hatte der Mythenbildung seiner Gegner Anfang der 1920er Jahre wenig entgegenzusetzen. Eine wissenschaftliche Untersuchung über die historischen Gegebenheiten gab es noch nicht, stattdessen hatten sich verschiedene Narrative eines göttlichen Wunders oder fremdländischer Hilfe etabliert, die auf mündlicher Überlieferung und gezielter Propaganda beruhten.

Es ist eine weitere erstaunliche Begebenheit dieses Krieges, dass weder für die Niederlage noch für den Sieg die wirklich dafür Verantwortlichen benannt wurden. Und während das auf Seiten der Verlierer nicht überraschen mag, so erstaunt doch die Zurückhaltung, mit der Piłsudski selbst sein Verdienst herausstellte. Zwar schrieb er bereits 1924 das Buch «Rok 1920» («Das Jahr 1920»), in dem er sich mit dem Polnisch-Sowjetischen Krieg und einer entsprechenden Publikation Tuchatschewskis auseinandersetzte. Diese Schlachtenanalyse fand viel Beachtung, doch den offiziellen Feierkanon änderte sie nicht.

Der Grund dafür waren die Veteranenverbände oder vielmehr die ehemaligen Mitglieder der Polnischen Legionen: Nur etwa ein Fünftel dieser Männer konnte dauerhaft ins Heer übernommen werden. Gleichzeitig waren sie Piłsudskis wichtigste politische Anhängerschaft, die zudem parteiübergreifend agierte. Die Bedeutung dieser Gruppe hoben die Feierlichkeiten für den 16. August 1914 hervor. Sie erwiesen ihr die Reverenz und integrierten sie in das Belweder-Lager. Die Schlacht um Warschau musste gegenüber dieser als historisch gedeuteten Begebenheit zurücktreten und galt als ein Ereignis von sekundärem Rang.[13] Am Ende waren deshalb sowohl in der Sowjetunion wie in Polen Praktiken des Machterhalts entscheidend für eine verfälschende öffentliche Repräsentation des Krieges.

In der Sowjetunion war mit dem amtlich festgelegten Schuldspruch die Debatte beendet. Anders an der Weichsel, wo zahlreiche Generäle in den zwei Jahrzehnten nach Kriegsende ihre Memoiren veröffentlichten, die nicht selten zu einer Abrechnung mit in ihrer Sicht falschen Perzeptionen gerieten. Dabei ging es vor allem um Fragen der Militärstrategie und -taktik, aber das beinhaltete immer wieder auch Selbstdarstellung und Rechtfertigung für erlittene Niederlagen.[14] An denen waren die Verfasser – kaum überraschend – natürlich nie selbst schuld, sondern meist die Vorgesetzten, gelegentlich auch Untergebene. Piłsudski etwa hatte seinen General Stanisław Szeptycki scharf für dessen vorgeblich unflexible Verteidigungstaktik und die Angst vor dem Feinde im Frühsommer 1920 kritisiert, was dieser wiederum umfassend zurückwies.[15]

10. Die Flucht der Roten Armee und die letzten Kämpfe um ein polnisches Imperium

Während es im Sommer 1920 in Polen Lorbeeren für einen Sieg zu verteilen galt, befand sich Sowjetrussland bei seiner Suche nach der Schuld noch mitten in einem epischen Rückzug. Mindestens galt das für Tuchatschewskis Hauptstreitmacht östlich von Warschau – und bei der Debatte um dessen Anteil an der Niederlage musste Moskau auch bedenken, dass der nach wie vor aktive Heerführer bei seinen Soldaten ungemein beliebt war. Das allerdings traf in ähnlichem Maße auch auf Budjonny zu, der vor Lemberg keine Niederlage erlitten hatte und nun in Richtung Lublin reiten ließ. Das konnte zwar die Schlacht vor Warschau nicht ungeschehen machen, stellte aber immer noch eine ernsthafte Bedrohung für Polen dar. Die Rote Reiterarmee mochte nicht mehr so kampfstark sein wie noch zwei Monate zuvor, doch noch war sie ungeschlagen und ihre Moral ungebrochen.

Vor allem aber war sie für ihre Gegner nach wie vor ein Schreckbild und verkörperte das Image des ebenso brutalen wie militärisch erfolgreichen Kosaken. Die Legendenbildung um diese Truppe, die sich von der Krim bis nach Ostpolen vorgekämpft hatte, war schon in vollem Gange – bei Freund und Feind. Zum Ruf der alles niederreitenden wilden Krieger, die niemanden schonten, trugen auch die zahllosen ermordeten Zivilisten bei. Und das war nicht nur Gräuelpropaganda unterlegener

Rivalen, sondern etwas, das beispielsweise Isaak Babel mehrfach berichtete:

> Ich reite mit dem Kriegskommissar die Bahnstrecke ab, wir bitten flehentlich, die Gefangenen nicht niederzumachen. [...] Ich habe nicht in die Gesichter gesehen, sie haben sie erstochen, erschossen, die Leichen mit Leibern zugedeckt, den einen ziehen sie aus, den anderen erschießen sie, Stöhnen, Schreie, Röcheln, den Angriff hat unsere Schwadron geführt.[1]

Diesen Gegner musste Polen erst noch bezwingen. Ende August stieß Budjonny auf Zamość vor, eine Renaissancestadt mit einer Festungsanlage, die im 17. Jahrhundert bereits Kosaken getrotzt hatte. 20 Kilometer südöstlich davon, in Komarów, kam es zum entscheidenden Aufeinandertreffen mit polnischen Truppen. Es sollte die größte Kavallerieschlacht der Moderne werden, in einer Dimension, wie sie die Welt seit den Napoleonischen Kriegen nicht mehr gesehen hatte. Władysław Sikorski hatte den Oberbefehl auf Seiten der Verteidiger übernommen, dachte aber gar nicht daran, sich rein auf defensive Operationen zu beschränken. Stattdessen wollte er seinen Gegner in eine Falle locken und ihn in einem Kessel einschließen. Das ambitionierte Vorhaben gelang am 30. August, und zunächst war Budjonny vollauf damit beschäftigt, seinen Männern wegen des von allen Seiten einschlagenden polnischen Artilleriefeuers Mut zu machen. Die eigenen Gegenangriffe auf die Mauern von Zamość blieben erfolglos, während die von Sikorski kontinuierlich nachgeführten Verstärkungen den Ring um die Rotarmisten immer enger zogen.[2] Budjonny erlebte den Verlust seines Hauptquartiers und verhinderte mehrmals nur knapp einen Zusammenbruch seiner Einheiten.

Am 31. August begann am frühen Morgen das Aufeinandertreffen der Reiter. Auf polnischer Seite kommandierte Oberst

Juliusz Rómmel nur zwei Kavalleriebrigaden gegenüber den sowjetischen vier Kavalleriedivisionen, während ansonsten polnische Infanterie das Schlachtfeld dominierte. Aber Rómmel musste nicht mit der ganzen Reiterarmee auf einmal kämpfen, sondern von Komarów aus und mit Unterstützung von Artillerie und Fußsoldaten lediglich mit der 6. Division. Nach mehrmaligem Vorstoßen und Zurückweichen prallten rund 900 polnische Kavalleristen frontal auf weit über 1000 Rote Reiter. Mit Säbeln und Lanzen hieben und stachen die Männer aufeinander ein, bis sich die Sowjets schließlich zurückzogen. Auf beiden Seiten betrugen die Verluste in diesem Gemetzel mehr als 30 Prozent. Gegen Abend griffen sechs sowjetische Kavallerieregimenter erneut an und zerschlugen erst das 9. polnische Ulanenregiment, um dann von anderen Ulanen überrascht und zum Rückzug gezwungen zu werden.

An dieser Stelle war kein Durchkommen. Ganz im Gegenteil musste Budjonny schleunigst den sich immer mehr zuziehenden Kessel verlassen, um dem Untergang zu entgehen. Das gelang ihm dank einer schnellen Umgruppierung nach jener Niederlage – und wegen des Zögerns Sikorskis, der nicht auf ein entschlossenes Vordringen setzte, sondern seinem Gegner langsam die Luft abschnüren wollte. In dieser Situation konzentrierte die Reiterarmee ihre Schlagkraft auf die östlichste Stelle der Umfassung und brach durch. Am 1. September befand sie sich bereits jenseits des Bug auf dem Rückzug, weil es ihr gelungen war, mehrere Brücken einzunehmen. Zwar gingen die Polen zur Verfolgung über und konnten der sowjetischen Nachhut empfindliche Verluste beibringen, doch bereits einen Tag später vereinigte sich Budjonny mit der 12. sowjetischen Armee in Włodzimierz Wołyński und vermied so eine noch deutlichere Niederlage.

Nun zeigte sich einmal mehr, wie wichtig in diesem Krieg die Initiative war. Wo früher die Polen ohne jeden Halt nach Westen zu taumeln schienen, tat es nun die Rote Armee in Richtung Osten. Sämtliche Mängel an Ausrüstung und Nachschub traten viel deutlicher zutage als im Vormarsch – die gebrochene Moral machte jeden Missstand größer, jeden Nadelstich des Gegners unerträglich und legte schonungslos offen, wie schlecht es um den Ausbildungsstand der Soldaten bestellt war:

> Die Institution, die sich 12. Armee nennt. Auf einen Kämpfer kommen – 4 Mann nichtkämpfende Truppe, 2 Damen, 2 Truhen mit Sachen, und auch dieser einzige Kämpfer kämpft nicht. Die zwölfte Armee ruiniert die Front und die Reiterarmee, öffnet unsere Flanken, zwingt uns, alle Löcher mit uns selbst zuzustopfen. [...] Der russische Infanterist der Roten Armee – barfuß, nicht nur nicht modernisiert, sondern ganz das ‹arme Russland›, Pilger, aufgedunsene, verlauste, kleinwüchsige, hungrige Bauern.[3]

An Tuchatschewskis Nordwestfront sah es nicht viel besser aus. Schon am 16. August, unmittelbar nach dem Sieg vor Warschau, beobachtete Lech Dymecki die Verzweiflung des Gegners: «Die Bolschewiki ziehen sich 30 Kilometer am Tag zurück, sie sagen, dass die Teufel sie nach Polen schickten.»[4] Der Hauptteil der Roten Armee wählte nicht den beschwerlichen und gefährlichen Weg durch die Pripjet-Sümpfe, sondern umging diese nördlich und suchte an der Memel, dem nächsten großen Fluss nach Weichsel und Narew, neuen Halt. Ab dem 20. September 1920 kam es in der Gegend von Grodno und Suwałki zur nach Warschau zweitgrößten Schlacht des Polnisch-Sowjetischen Krieges. Sergej Kamenew hatte Tuchatschewski befohlen, von dort aus auf breiter Front zu einer erneuten Offensive anzutreten. Piłsudski wiederum wollte den Angriffsschwung nutzen und mit zwei Armeen frontal und eher als Ablenkungsmanöver Grodno angreifen, während eine weitere, die speziell verstärkte

2. Armee, im Norden von Suwałki aus zu einer Umgehung ansetzen sollte.

Es lief alles nach polnischen Wünschen. Während der Sturm auf Grodno keine Entscheidung brachte, stieß General Aleksander Osiński wie geplant von Suwałki aus über litauisches Gebiet vor und schnitt die Nachschublinien der sowjetischen 3. Armee ab. Zugleich gelang es ganz im Süden des umkämpften Gebiets polnischer Kavallerie, am 26. September die Stadt Pińsk einzunehmen und so für Tuchatschewskis 4. Armee die Versorgung zu unterbrechen. Abermals blieb dem sowjetischen Kommandeur nur der Rückzug. An einen eigenen Angriff war angesichts der drohenden Einkesselung keinesfalls zu denken, selbst wenn die Linien zu seiner 15. und 16. Armee noch offen waren.[5]

Erneut gelang es allerdings der sowjetischen Hauptstreitmacht, der Vernichtung zu entkommen. Zu irgendwelchen Gegenstößen war sie freilich auf absehbare Zeit nicht mehr in der Lage. Andererseits fehlten auch den Polen die Mittel, zu einer weiteren Verfolgung anzusetzen – auf beiden Seiten waren die Armeen vollkommen ausgezehrt und kaum für irgendwelche Entscheidungsschlachten bereit. Und wie schon im Frühjahr 1920 in Kiew stellte sich für Warschau die Frage, wohin und vor allem wozu ein weiteres Vordringen führen sollte; die Bewertung hatte sich sechs Monate später nicht wesentlich geändert. Es war Polen nicht möglich, eine endgültige militärische Entscheidung herbeizuführen, geschweige denn den Gegner vollends niederzuringen.

Nachdem das für beide Seiten galt, boten die Bolschewiki am 21. und nochmals am 28. September an, die Waffen ruhen zu lassen. Ein polnischer Gegenvorschlag erfolgte am 2. Oktober, auf den die Sowjets drei Tage später mit kleinen Änderungen reagierten. Am 12. Oktober unterzeichnete man ein entsprechendes Abkommen, und seit dem 18. Oktober wurde nicht mehr gekämpft – wobei ein tatsächlicher Friedensvertrag erst noch auszuhandeln war.[6]

Nach fast zwei Jahren mit Gefechten und Schlachten waren Polen wie Bolschewiki nicht mehr an der Fortführung eines Krieges interessiert, den sie auf absehbare Zeit nicht gewinnen konnten. Zudem musste Polen erneut klären, wie mit den zahlreichen ethnischen Minderheiten und den kleineren Nachbarstaaten zu verfahren sei. Als besonders dringend erwies sich einmal mehr der Fall Litauen, der Anfang des Jahres schon einmal zu einer für Warschau sehr befriedigenden Lösung gekommen war – und in Kaunas heftige Revisionsgelüste geweckt hatte. Deswegen war Sowjetrussland gewissermaßen der natürliche Bündnispartner Litauens. Dank Tuchatschewskis Offensive in Polen war es gelungen, Wilna zurückzuerhalten und von Moskau eine Bestands- und Beistandsgarantie zu bekommen.

Wie sich zeigen sollte, war die Garantie bei einer Niederlage der Roten Armee wenig wert. Zwar hatte Polen selbst am 7. Juli Litauen diplomatisch anerkannt, weil es auf dessen Neutralität im Konflikt mit den Bolschewiki hoffte, aber das war vergebens gewesen. In Kaunas hatte man nicht vor, auf Wilna zu verzichten, und griff deshalb die Stadt gemeinsam mit der Kavallerie Gai Dmitrijewitsch Gais bereits zwei Tage später an. Das eigene Gebiet konnten litauische Truppen bis zum 8. August sogar bis Augustów und Suwałki ausdehnen – während man zugleich auf politischer Ebene seit dem 24. Juli Bereitschaft zu Gesprächen signalisierte, um die territorialen Gewinne abzusichern. Dazu kam es allerdings nicht. Stattdessen übergab die Rote Armee bei ihrem Rückzug nach einem Monat die alleinige Hoheit über jene Region an die Litauer – und überließ sie ihrem Schicksal.

Dass Polen seinem kleineren Nachbarn im Norden militärisch deutlich überlegen war, stand außer Frage. Litauen versuchte, einem Konflikt zu entgehen, indem es sich am 27. August im Polnisch-Sowjetischen Krieg für neutral erklärte, bisherige Handlungen als reine Verteidigung deklarierte und außerdem die gewonnenen Ländereien als annektiert betrachtete. Warschau reagierte mit einem Ultimatum: Suwałki war bis Monatsende zu räumen. Kaunas folgte dieser Aufforderung, war aber nicht bereit, auf Seiten Warschaus gegen Moskau zu Felde zu ziehen.[7] Nur die Einmischung der Westalliierten, die sich erneut in der Wilnaer Frage engagierten, verhinderte den sofortigen Ausbruch eines bewaffneten Konflikts. Polen gab sich am 7. Oktober in der Konvention von Suwałki nach außen hin bereit, die Legitimität seiner Ansprüche durch den Völkerbund klären zu wollen – ein Verfahren, das Litauen ebenfalls akzeptierte. Vor diesem diplomatischen Übereinkommen ließ Piłsudski aber noch seine Soldaten nach Norden vordringen. In der Schlacht an der Memel gelang ihnen ein Sieg, wenn auch nicht die Eroberung Wilnas.[8]

Was nun folgte, war eine außenpolitische Scharade erster Güte. Hauptdarsteller war Lucjan Żeligowski, jener mit Piłsudski befreundete und in Wilna geborene polnische General, der schon so oft sein Draufgängertum unter Beweis gestellt hatte. Ihm übertrug der Marschall Anfang Oktober 1920 das Kommando über die Litauisch-Weißrussische Division der polnischen Armee, die hauptsächlich aus polnischstämmigen Freiwilligen dieser Gebiete bestand. Nur Tage später, am 9. Oktober, «meuterte» Żeligowski und marschierte mit seiner Einheit in Litauen ein. Formal argumentierte Warschau, dass er damit gegen einen Befehl gehandelt habe; die Aggression sei von seiner Truppe ausgegangen, die sich widerrechtlich dem Oberbefehl Piłsudskis entzogen habe. Allen Beteiligten war vollkommen klar, wie die Dinge wirklich standen: Es handelte sich bei dieser Erklärung um eine dreiste Lüge, einzig mit dem Ziel, nach außen hin nicht allzu viel Glaubwürdigkeit zu verlieren. Am 12. Oktober nahm Żeligowskis Division Wilna. Der General proklamierte einen Tag später den neuen Staat Mittellitauen – bezeichnenderweise unter dem rein polnischen Namen Litwa Środkowa – und machte sich selbst zum Präsidenten.

In seinen Augen war die Konvention von Suwałki, in der Polen die litauische Souveränität garantierte, ein Fehler, ja ein Verrat. Die Menschen aus dem Wilnaer Gebiet seien keine Litauer und könnten niemals dazu gemacht werden.[9] Diese Interpretation stellte auch im Mutterland Polen einen parteiübergreifenden Konsens dar. Schon vor der Konferenz mit den baltischen Staaten Ende August hatte Leon Wasilewski an Piłsudski geschrieben, wie ärgerlich der Frieden mit dem nördlichen Nachbarn sei:

> Unsere Anerkennung Litauens hat de facto einen fatalen Eindruck in Litauen hervorgerufen: Nachdem es von der Notlage Polens profitiert hatte, kommt England und zwingt dieses, es gegen seinen Willen anzuerkennen. Lang lebe England! Was die Konferenz betrifft, werden vielleicht unsere militärischen Erfolge ihr Geist einhauchen.[10]

Wasilewski zeichnete damit die Argumentations- und Handlungslinien vor: Schuld an der aus polnischer Sicht höchst unerfreulichen Situation waren die Alliierten, insbesondere England. Sie hatten Warschau zu Dingen gezwungen, die man gar nicht tun wollte. Nur militärisch ließe sich jetzt noch eine Lösung herbeiführen. Indem Piłsudski die Strategie einer «Meuterei» ersann, konnte er nicht nur Fakten schaffen, sondern zugleich nach außen hin seine Hände in Unschuld waschen. Und mehr noch, da hier eine litauisch-weißrussische Division handelte, ließ sich zudem das von den Alliierten immer wieder eingeforderte Selbstbestimmungsrecht der Völker ins Spiel bringen. Und so waren London und Paris zwar einmal mehr über den Marschall und seine Eigenmächtigkeit erzürnt, aber ihnen blieben die Hände gebunden – zumal ihnen die Angelegenheit erneut keine militärische Intervention wert war.

Piłsudski wiederum spielte das diplomatische Spiel mit ausreichend Konsequenz. Er erkannte Mittellitauen offiziell nicht an, entsandte jedoch mit Władysław Raczkiewicz einen nicht akkreditierten Beauftragten. Gegenüber dem Ausland argumentierte man nach wie vor, dass die Wilnaer Frage international gelöst werden müsse und man selbst nichts tun könne. Zugleich erhielt Żeligowski Post vom polnischen Außenministerium, wonach das Gebiet unbedingt zu Polen gehören müsse und andere Lösungen undenkbar seien. Litauische Proteste prallten währenddessen an den «nicht zuständigen» Warschauer Diplomaten ab. Sie argumentierten zudem, dass die Grenze vom Sommer 1920 lediglich bilateral mit Moskau vereinbart und daher für Warschau – das sich in einem Kampf ums Überleben befunden habe – nicht verbindlich sei.[11] Und um den Druck auf Kaunas zu erhöhen, ließ Żeligowski dieses sowie andere Städte beschießen und verdeutlichte damit, dass er militärisch überlegen und nicht einfach so zu vertreiben sei.[12]

Ende 1920 bereitete der Völkerbund tatsächlich ein Plebiszit über das weitere Schicksal von Mittellitauen vor; dessen Bewohner sollten über das Zusammengehen mit Polen oder Litauen entscheiden. Und obwohl 1918 das Frauenwahlrecht in Polen eingeführt worden war, würde es hier nicht zur Anwendung kommen – wegen des von Männern so oft ins Feld geführten Arguments, dass Frauen keine Erfahrung bei Wahlen hätten. Außerdem könne die Sache so schneller vonstattengehen. Am 30. März 1921 aber musste das Plebiszit abgesagt werden, denn die involvierten Staaten zeigten sich wenig kooperativ. Im Mai 1921 machte deshalb der aus Belgien stammende Vorsitzende der Völkerbundskommission den Vorschlag, in der Art des untergegangenen Österreich-Ungarn einen Doppelstaat um Wilna und

Kaunas herum zu gründen. Er sah beiderseitige weitgehende Autonomie und Polnisch sowie Litauisch als Amtssprachen vor. Die dadurch bedingte schwache Zentralregierung war ganz im Sinne Warschaus und fand dementsprechend auch die Zustimmung Lucjan Żeligowskis. Kaunas freilich lehnte ab, mit einer historischen Argumentation, wie sie Polen in der Auseinandersetzung mit Deutschland um Oberschlesien gebraucht hatte: Man stelle die angestammte, gewissermaßen indigene Bevölkerung und habe deshalb die älteren Rechte.[13] Darauf werde man nicht verzichten.

Polen und Mittellitauen griffen in dieser Situation auf die Idee einer Parlamentswahl zurück und hielten sie, trotz internationaler Proteste, am 8. Januar 1922 ab. Żeligowski war, um die Legitimität des Urnengangs zu erhöhen, bereits am 30. November 1921 zurückgetreten. Bei moderater Beteiligung unter weitestgehendem Boykott litauischer Wähler waren schlussendlich alle 106 Abgeordneten polnischstämmig. Ihr offizielles Votum für einen Anschluss an die Rzeczpospolita am 20. Februar 1922 kam daher wenig überraschend. Einen Monat später votierte auch der Sejm in Warschau für den Beitritt, der am 6. April 1922 Gültigkeit erhielt. Die Einsprüche aus Kaunas verhallten ungehört.

Piłsudski war es einmal mehr gelungen, mit einer gehörigen Portion Unverfrorenheit und dem Recht des Stärkeren Fakten zu schaffen. Doch Wilna war nur ein kleiner – wenn auch zentraler – Baustein seiner Vorstellung eines polnischen Großreichs, einer von Warschau aus gelenkten Föderation. Mit ganz ähnlichen Mitteln wie im Norden versuchte er, auch im Osten und Südosten, in Belarus und der Ukraine, ihm wohlgesonnene Herrscher zu installieren. Die dort existierenden Sowjetrepubliken waren fest mit Russland verbunden und nicht in der Lage, eine eigenständige, gar polenfreundliche Politik zu betreiben. Auf friedlichem Wege war eine Änderung dieses Zustands nicht zu erreichen. Weiter selbst Krieg zu führen schien freilich auch keine gute Idee, denn die Erfahrungen des letzten Jahres hatten zweierlei gezeigt: Polen konnte weder auf einen Siegfrieden noch auf breiten Rückhalt in den ukrainischen oder weißrussischen Gesellschaften hoffen.

Doch es standen Verbündete bereit, die zwar nicht wie Żeligowski Freunde und Polen waren, aber immerhin vertraute Waffenbrüder. Symon Petljura war einer von ihnen. Seine Einheiten hatten sich seit dem Rückzug aus Kiew an allen Kämpfen der Polen beteiligt, aber Piłsudski war nicht in der Lage, diese Stadt zurückzuerobern. Und später herrschte sogar ein polnischer Waffenstillstand mit den Sowjets, der auf einen Friedensvertrag hinauslaufen sollte. Petljura wollte daher auf eigene Faust handeln, zumal er sich nicht an das polnische Abkommen mit der Roten Armee gebunden sah. Das war ganz im Sinne Piłsudskis, der die 40000 Ukrainer aus seinem Oberbefehl entließ und im Rahmen seiner Möglichkeiten mit Waffen ausstattete. Am 2. November 1920 überschritten sie die polnisch-sowjetische Demarkationslinie mit dem Ziel, in einigen Tagen zu einer Offensive anzutreten und dann die Bevölkerung hinter sich zu bringen. Doch anders als in «Mittellitauen» waren diese Truppen weder militärisch überlegen noch willkommen. Die Rote Armee reagierte rasch und mit voller Härte: Bevor Petljura die Initiative ergreifen konnte, fand er sich schon in heftige Abwehrkämpfe verwickelt. Keine drei Wochen später zogen sich seine auf fast die Hälfte dezimierten Kämpfer wieder nach Polen zurück und ließen sich entwaffnen. Warschau musste sie nun offiziell neutralisieren und war nicht mehr in der Lage, eine Invasion mehr oder minder offen zu unterstützen. Petljura hatte auch seine letzte Schlacht verloren.[14]

Noch erfolgloser war Boris Sawinkow, ein in Warschau geborener Russe, der als Sozialrevolutionär sowohl Gegner des

Zarentums wie der Sowjets war. Er hatte 1919 in Polen das Russische Politische Komitee gegründet, um aus Kriegsgefangenen der Roten Armee eigene Kämpfer zu rekrutieren und sie dann gegen die Bolschewiki einzusetzen. Das gelang leidlich während des Polnisch-Sowjetischen Krieges, doch der Waffenstillstand und der spätere Friedensvertrag entzogen seinen Aktivitäten gewissermaßen die Geschäftsgrundlage. Er emigrierte nach Paris und hatte auch von dort aus keinen Erfolg, Aufstände gegen Lenin und seine Kommunisten anzustiften.[15]

Wesentlich radikaler war das Vorgehen von Stanisław Bułak-Bałachowicz, der sich wie Petljura von den Polen ausrüsten ließ, um einen eigenen weißrussischen Staat zu gründen. Seine Truppe, hauptsächlich ehemalige Rotarmisten und Veteranen der «weißen» Bewegung, hatte sich einen Ruf extremer Brutalität erworben, nicht nur wegen der Massenmorde an Juden. Niemand war vor ihnen sicher, weder Zivilisten noch Kriegsgefangene, und schon vor der Schlacht um Warschau schätzten seine polnischen Verbündeten ihn ganz zutreffend ein. Exemplarisch hierfür sind die Worte des Majors Józef Jaklicz:

> Er ist ein Mann ohne Ideologie, ein Schlächter und Mörder, und genauso sind seine Gefolgsleute. [...] Sie kennen kein Pardon und erinnern an Barbaren ... Vor meinen Augen warfen sie ihm (Batka, wie sie ihn nennen) den Kopf eines Bolschewisten vor die Füße, abgeschlagen mit dem Säbel.[16]

Aus anfänglich 800 Reitern hatte Bałachowicz sich bis Spätherbst 1920 eine kleine Armee mit fast 12 000 Mann aufgebaut, die offiziell als eigenständiger Verbündeter Warschaus galt. Nach bewährtem Muster überschritten sie am 2. November die Waffenstillstandslinie und eroberten schnell die Stadt Masyr im südlichen Belarus, wo sich Bałachowicz zum Präsidenten einer Provisorischen Weißrussischen Regierung proklamierte. Doch viel mehr noch als Petljura in der Ukraine fehlte ihm jegliche Legitimität. Die Bevölkerung hatte kein Interesse an Krieg und wollte sich nicht für diesen Warlord von der überlegenen Roten Armee töten lassen. Bereits am 18. November mussten seine Kämpfer den Rückzug antreten, zehn Tage später überschritten die letzten die Grenze zu Polen – es waren nur noch etwa 6500.[17] Sie wurden interniert – und wie Freunde behandelt. Ein Auslieferungsgesuch Moskaus, das Bałachowicz als Hochverräter vor Gericht stellen wollte, lehnte Warschau mit dem Argument ab, dieser sei wegen seines Geburtsorts Ignalino, gelegen im heutigen Litauen, seit 1918 Pole. Eine diplomatische Farce, weil Bałachowicz seinen Privatfeldzug explizit unter dem Etikett eines Weißrussen begonnen hatte.[18]

11. Der Friedensvertrag von Riga

> So manches Mal, Soldaten, schossen mir die Tränen in die Augen, wenn ich in den Reihen der Truppen, die ich führte, Eure bloßen, wunden Füße sah, die schon so gewaltige Strecken durchmessen hatten, wenn ich die schmutzigen Lumpen wahrnahm, die Eure Körper bedeckten, wenn ich Eure bescheidenen Soldatenrationen verkürzen und oft von Euch fordern musste, frierend und hungrig in den blutigen Kampf zu ziehen.[1]

Mit diesen Worten an die Armee läutete Józef Piłsudski den Waffenstillstand mit Sowjetrussland ein, der am 18. Oktober 1920 in Kraft trat.

Die Bilanz nach eineinhalb Jahren Krieg fiel weder für Warschau noch für Moskau erfreulich aus: Die Rote Armee hatte im Herbst 1920 acht von 21 Divisionen verloren, in den Händen der Polen befanden sich weit über 100 000 Gefangene, 231 Kanonen, über 1000 Maschinengewehre, 10 000 Waggons mit Munition und anderem Nachschub. 30 000 Mann waren über die deutsche Grenze nach Ostpreußen gegangen und dort entwaffnet sowie vorübergehend interniert worden. Immerhin, mittelfristig standen sie wieder zur Verfügung; das Schicksal vieler Zehntausender Verwundeter war da viel unklarer, und Gesamtverluste – die immer Gefangene und Verwundete mit einschließen – von 431 000 Mann in beiden Kriegsjahren stellten auch für Russland keine Lappalie dar.[2]

Die polnischen Zahlen lagen nur absolut betrachtet unter denen des Gegners. Zu 50000 Soldaten in den Händen der Bolschewiki kamen weitere etwa 50000 Gefallene und 100000 Behandlungsbedürftige. Diese Schätzungen anhand offizieller Angaben nehmen sich im Vergleich zu den beiden Weltkriegen wenig dramatisch aus, aber angesichts der militärischen Möglichkeiten beider Seiten waren sie enorm. Kaum etwas zeigt das so deutlich wie die Verluste des polnischen Offizierskorps: Von den 30035 Führern waren 6590 getötet worden, eine Quote von fast 22 Prozent.[3]

Es ist bemerkenswert, dass es keine Zahlen der zivilen Opfer gibt, die ja vor allem auf dem Gebiet Polens zu beklagen waren.[4] Die erwähnten Schätzungen von 100000 ermordeten und weiteren 200000 an Hunger und Krankheiten gestorbenen Juden auf dem Gebiet der heutigen Ukraine können jedoch als Hinweis auf die exzessive Gewalt auch gegen Nichtkombattanten gelten. Die ethnische und politische Aufladung dieses so erbittert geführten Konflikts betraf Juden in besonderem Maße, beschränkte sich aber nicht auf sie. Die Republik Polen hat in dieser Hinsicht keine Daten erhoben – Desinteresse, Angst vor politischer Instrumentalisierung sowie andere Prioritäten waren Gründe dafür. Mit Sicherheit war die Zahl der zivilen Opfer nicht geringer als die der militärischen. Es ist vermutlich eine eher konservative Schätzung bei dieser Art der Kriegführung, für das polnisch-sowjetische Kampfgebiet von mindestens 150000 nichtjüdischen zivilen Toten auszugehen.

Die Kriegsgefangenen auf beiden Seiten sollten sich zu einer ernsten Quelle weiteren Streits entwickeln. Einerseits, weil deren Rückführung in die jeweilige Heimat lange dauerte. Andererseits, weil die Bedingungen in den Lagern katastrophal waren und die Häftlinge dort zu Tausenden starben. Schon Ende 1919 fehlten in dem polnischen Lager Strzałków mit rund 37000 Insassen Ärzte genauso wie Kleidung, Unterwäsche und Schuhe. Die völlig überbelegten Holzbaracken waren für sommerliche Bedingungen eingerichtet und hatten weder Öfen noch Fußböden.[5] Angesichts der desaströsen Bedingungen, die mit ganz unzureichender Ernährung einhergingen, wurden bereits vor Beginn des harten Winters fast 4000 Männer in einem behelfsmäßigen Spital behandelt, das für nur 1000 Patienten eingerichtet war. Im November und Dezember 1919 starben täglich im Schnitt 70 sowjetische Kriegsgefangene, in zehn Tagen also zwei Prozent der Insassen. Im Winter rissen die Häftlinge Teile der Baracken ein, um etwas zu heizen zu haben; Kämpfe um Holz waren an der Tagesordnung. Und selbst nachdem die militärischen Auseinandersetzungen beendet waren, besserte sich die Situation nur unwesentlich – zwischen August 1920 und August 1921, als das Lager aufgelöst wurde, waren weitere 5351 Opfer zu beklagen.[6]

In Warschau sah man über diese Zustände hinweg. Kazimierz Sosnkowski schrieb im Dezember 1919 an Józef Piłsudski, dass die Berichte über Epidemien in Kriegsgefangenenlagern wie Strzałków, Tuchola, Szczypiorno oder den kleineren wie Dąbie, Wadowice und Pikulice übertrieben und die Zustände gar nicht so schlecht seien[7] – schließlich sei auch die Lage der eigenen Zivilbevölkerung nicht eben rosig. Der Krieg rechtfertigte die Mittel, die Behandlung der Gegner und das Sterben von insgesamt schätzungsweise 18 000 sowjetischen Kriegsgefangenen.

Es waren wenig mehr russische Opfer, als Polen in Lagern der Roten Armee ums Leben kamen. Hier ist von etwa 15 000 Opfern auszugehen, wobei nicht geklärt ist, ob tatsächlich alle vermissten Soldaten in der Haft starben. Doch selbst der polnische Generalstab erkannte die vergleichsweise besseren Bedingungen der Gefangenen in sowjetischen Lagern an – sie erhielten dort Soldatenrationen und genossen größere Freiheiten. Weitsichtige Stimmen in Warschau plädierten für eine ebensolche Behandlung der

Abb. 9 Kriegsgefangene im Lager Tuchola.

Rotarmisten, sonst würden diese nach der Freilassung einen großen Hass auf Polen hegen. Die Konsequenz dieser Forderung war jedoch nur eine verstärkte Propagandaarbeit, mit der beide Seiten den Gegner indoktrinierten. In Polen waren dafür ehemalige zarische Offiziere zuständig, deren Gedankenwelt allerdings auf wenig Sympathie stieß.[8]

Mit dem Friedensvertrag kehrten im Laufe des Jahres 1921 immerhin 67 000 Rotarmisten und 35 000 polnische Soldaten in ihre Heimat zurück. Viele andere wählten freiwillig das Land ihrer Gefangenschaft als neue Heimat: Über 30 000 Sowjetbürger wollten lieber Polen sein oder schlossen sich Männern wie Bałachowicz, Petljura und Sawinkow an.[9] Deren langfristige Förderung über kurzlebige militärische Versuche hinaus war ebenfalls eine Folge des Rigaer Friedensschlusses: Polen und die Sowjetunion hatten ihr Staatsgebiet gefestigt und begaben sich auf die Suche nach potentiellen Partnern, mit denen sie territoriale Ansprüche legitimieren und den Rivalen destabilisieren konnten – vorgeblich im Namen dieser unterdrückten Nationen. Damit löste das Selbstbestimmungsrecht der Völker als außenpolitisches Machtinstrument endgültig die älteren Schlagworte von gemeinsamer Religion oder Geschichte ab.[10]

Doch in Friedenszeiten war den verschiedensten ethnischen Minderheiten kein Erfolg in ihrem Streben nach Unabhängigkeit beschieden. Russland und Polen waren nicht mehr miteinander beschäftigt und konnten sich ganz auf die Unterdrückung von Unabhängigkeitsbestrebungen im Inneren konzentrieren. Ein Beispiel hierfür war der Aufstand von Sluzk, benannt nach einer belarussischen Stadt etwa hundert Kilometer südlich von Minsk. Polnische Truppen hatten die Gegend am 11. Oktober 1920 erobert, und einen Monat später tolerierten sie – im Angesicht ihres bevorstehenden Rückzugs – die Gründung der Sluzker Rada, einer Lokalregierung. Diese konnte in ihrem kleinen Herrschaftsgebiet rund 10 000 Mann zum Kampf gegen die Bolschewiki mobilisieren, war der vorrückenden Roten Armee aber hoffnungslos unterlegen. Die Kämpfe dauerten bis Ende des Jahres, dann zogen sich die verbliebenen Einheiten hinter die polnische Grenze zurück – Warschau hatte den am 21. November 1920 proklamierten Staat nach dem Ende des Krieges mit den Bolschewiki nicht aktiv militärisch unterstützen wollen.[11]

Das lag nicht zuletzt an der großen Sehnsucht nach Frieden. Seit 1914 hatten Land und Bevölkerung über sechs Jahre beinahe ununterbrochenen Kampfes erlebt. Das begünstigte in der polnischen Delegation in Riga den Verhandlungsführer Stanisław Grabski, der wie sein Bruder Władysław ein Anhänger der Nationaldemokratie war – und diese Partei stand Piłsudskis Föderationsplänen nach wie vor sehr kritisch gegenüber und bevorzugte tendenziell ein kleineres, aber ethnisch homogenes Polen. Offen expansionistisch wollten die Gesandten sowieso nicht auftreten, um eine erneute Brüskierung der Westalliierten zu vermeiden. Einen Durchbruch bei den Verhandlungen zum Präliminarfrieden im Oktober brachte jedoch erst der von Lenin stammende

Vorschlag, der den Polen gegenüber der Curzon-Linie substantielle territoriale Gewinne versprach. Im Gegenzug verlangte Moskau allerdings die Anerkennung Litauens sowie der neuen Sowjetrepubliken Belarus und Ukraine, die jeweils als souveräne Nationen gelten sollten.[12]

Diese Forderung war ganz eindeutig gegen Piłsudskis Vorstellungen eines polnischen Bundesstaates gerichtet und delegitimierte zugleich die Argumente vom Selbstbestimmungsrecht der Völker, weil diesem ja vorgeblich Genüge getan wurde. Es war ein Angebot, das der nationaldemokratischen Mehrheit der polnischen Gesandten höchst verlockend erschien. Nach Warschau konnten sie zudem berichten, die aktuell von den eigenen Truppen besetzten Gebiete fast vollständig behalten zu dürfen. Lediglich Minsk wollte Moskau unbedingt für sich beziehungsweise für die weißrussische Sowjetrepublik, um Exilanten den Wind aus den Segeln zu nehmen. Im Gegenzug gab es von Lenin die Zusage, in einem komplizierten Verfahren das Gold zurückzuführen, das vor 1914 dem polnischen Anteil am russischen Staatsschatz entsprochen hatte.[13]

Das Waffenstillstandsabkommen war in jeder Hinsicht ein Kompromiss, vor allem weil Polen danach seine Truppen hinter die vereinbarte Demarkationslinie zurückziehen musste und damit viel Drohpotential verlor. Tatsächlich fiel der endgültige Vertrag vom 18. März 1921 nicht ganz so günstig für Warschau aus, wie es die Verhandlungen im vorangegangenen Jahr erwarten ließen. Das lag nicht zuletzt an der harten und geschickten Debattenführung von Lenins Delegationsleiter Adolf Joffe, der insbesondere viele finanzielle Zugeständnisse wieder zurücknahm. Das gelang ihm auch deshalb, weil die polnische Gesandtschaft ebenso politisch gespalten war wie die Heimat.

Polen erhielt Gebiete östlich der Curzon-Linie, die größer waren als das Territorium der ganzen Rzeczpospolita Ende 1918.

Schon alleine deswegen zeigten sich die Bolschewiki nicht begeistert. Dennoch war der Friedensvertrag eher für sie als für Polen ein Erfolg. Sie konnten nun in aller Ruhe darangehen, ihre Herrschaft zu festigen und die letzten «weißen» Truppen zu besiegen. Deren Niederlage war schon länger besiegelt, und selbst ohne den Waffenstillstand von Riga waren die auf der Krim eingeschlossenen Truppen Pjotr Wrangels nicht zu retten. Umgekehrt hätten die Polen wohl mit den «Weißen» als Siegern im russischen Bürgerkrieg weniger Schwierigkeiten gehabt. Zwar erhoben auch sie Anspruch auf alle Territorien des Zarenreichs, aber die zersplitterten Gruppen wären mittelfristig kaum so entschlossen aufgetreten.[14]

Anders als im bolschewistischen Moskau waren in Warschau die seit 1918 gehegten Träume von der eigenen Großmachtstellung ausgeträumt – freilich nicht erst seit Riga, sondern schon mit dem Scheitern der Kiewer Offensive im Mai 1920. Ein Jahr später stand das Land ohne Verbündete da und hatte auch wenig Möglichkeiten, seine diplomatische Position zu verbessern.[15] Piłsudski empfand den Vertrag von Riga daher als eine Niederlage – für sich persönlich und für sein Land. Seine ambitionierten Ziele hatte er nur in Ansätzen realisieren können, und bereits 1925 gab er sich offen selbstkritisch über den erreichten Frieden:

> Ihr werdet dieses Polen nicht halten können. Dieses Unwetter, das aufkommt, ist zu stark. Das heutige Polen ist nur in einem besonderen, goldenen Zeitalter fähig zu leben. [...] Ich habe mein Leben verspielt. Es ist mir nicht gelungen, eine Föderation ins Leben zu rufen, die die Welt achten würde.[16]

Mit einem gewissen Abstand betrachtet, spiegelte das Abkommen von Riga die gegebenen Machtverhältnisse wider. Der letzte militärische Triumph Polens über Russland datierte auf das frühe

17. Jahrhundert zurück. Piłsudskis Siege waren demgegenüber hauptsächlich der aktuellen Schwäche der Bolschewiki geschuldet, die sich zeitgleich in eine Vielzahl von inneren und äußeren Konflikten verwickelt sahen. Weil Polen aber selbst gerade erst nach 123 Jahren Teilung wiedererstanden war, verfügte es nicht über Möglichkeiten, das Kräfteverhältnis entscheidend zu verschieben. Warschau blieb am Ende zwar eine dominierende Stellung in Ostmitteleuropa, allerdings dauerhaft bedroht von den beiden stärkeren Nachbarn im Westen und Osten.[17] Eine realistische Lageanalyse war jedoch im Polen der Zwischenkriegszeit kaum zu finden. Der militärische Erfolg über den historischen Rivalen sowie die territorialen Zuwächse auf Kosten der anderen Nachbarn verführten viele Politiker in Warschau dazu, ihr Land als eine wichtige Macht in Europa zu betrachten und ihre Augen vor den Tatsachen zu verschließen.[18]

Wie sehr der hellsichtige Piłsudski mit seinen Befürchtungen Recht behalten sollte, zeigte sich im Zweiten Weltkrieg. Doch schon 1920 war die deutsche Haltung wenig freundlich gewesen, und in Polen vergaß man nicht, dass Deutschland Nachschub für die Front blockiert und sich in Ostpreußen Männer für die Rote Armee gemeldet hatten, um am Kampf gegen die Rzeczpospolita teilzunehmen.[19] Das Reich profitierte zwar nicht direkt vom Rigaer Frieden, konnte sich diplomatisch aber schon im April 1922, mit dem Rapallo-Vertrag, über Polens Interessen hinweg mit Sowjetrussland verständigen und so einen ersten Schritt in Richtung Revision des Versailler Vertrags unternehmen.

Die größten Verlierer im März 1921 waren neben Litauen die belarussischen und ukrainischen Nationalbewegungen, denn ihnen blieb die Eigenstaatlichkeit vollkommen versagt. Ihre Anführer mussten ins Exil gehen. Erst 70 Jahre später, mit dem Zerfall der Sowjetunion, konnte die Unabhängigkeit errungen werden. Riga war für Männer wie Petljura eine Katastrophe. Der

Vertrag verletzte außerdem sein Abkommen mit Polen, das einen Separatfrieden explizit ausgeschlossen hatte. Piłsudski war sich dessen nur zu bewusst und empfand es als Befleckung seiner Ehre, den Verbündeten betrogen zu haben; mehr als eine aufrichtige Entschuldigung konnte er freilich nicht anbieten.[20]

Wichtiger als eine innenpolitische Auseinandersetzung um einen möglichen Verrat war indes der genaue Grenzverlauf. Die Diplomaten in Riga hatten ihn auf einer alten russischen Karte eingezeichnet, auf der ein Zentimeter über zehn Kilometern in der Realität entsprach. Ganz pragmatisch war es lediglich darum gegangen, ob Dörfer der einen oder der anderen Seite zugeschlagen wurden. Was das für die Äcker der Bauern bedeutete, blieb ungeklärt; außerdem stellte sich sehr bald heraus, wie ungenau die Karte war: Nicht selten lagen Dörfer anderswo als eingezeichnet, waren gar nicht verzeichnet oder trugen andere Namen, was für weitere Verwirrung sorgte. In Polesien gab es teilweise 30 Kilometer breite Sümpfe mit über hundert Kleinsiedlungen, von denen sich keine einzige auf der Rigaer Vorlage fand. Eine gesonderte Kommission schritt deshalb im wahrsten Sinne des Wortes die neue Grenze ab, um alle relevanten Informationen erst einmal zu erheben.

Da Polen zudem darauf bestand, privaten Grundbesitz, zumindest solange er auf einer Seite von Bächen und Flüssen lag, nicht zu enteignen, war dies eine zeitintensive Angelegenheit. Es blieb nicht bei der ursprünglichen Linie auf der Vorkriegskarte. Wenn einzelne Dörfer mit einer polnischen Mehrheit lieber auf der westlichen Seite der Demarkationslinie liegen wollten, ließ sich das meist einrichten – es war den sowjetischen Vertretern ebenfalls recht, sich keine fünfte Kolonne einzuhandeln, stattdessen erhielten sie eine Kompensation anderswo. Erst Ende 1922 gab es eine definitive Grenze mit einer Länge von 1412 Kilometern, die 2300 Grenzpfosten und 400 Grenzsteine auf beiden

Seiten markierten; rechts und links davon lagen jeweils zweieinhalb Kilometer einer neutralen Zone.[21]

Wer sich als Bürger des jeweils anderen Staates fühlte und nun im «falschen» Land lebte, hatte die Möglichkeit, sich repatriieren zu lassen. Diese Option verlangte, um nach Polen übersiedeln zu können, allerdings den Nachweis, vor 1914 auf dem angestammten Gebiet der Rzeczpospolita von 1772 gelebt zu haben. Im umgekehrten Fall reichte ein einfaches Bekenntnis zu einer der Sowjetrepubliken aus, doch von diesem Angebot machte in Polen nur eine verschwindend geringe Anzahl an Menschen Gebrauch. Staatsdiener waren meist schon während des Ersten Weltkriegs mit der zarischen Armee nach Osten zurückgekehrt, und in den Kresy lebten zwar viele ethnische Minderheiten, aber nur wenige Russen.

Aber es zog im zweiten Halbjahr 1921 immerhin 427 000 Personen nach Polen, davon zwei Drittel mit weißrussischen Wurzeln, 20 Prozent Polen, acht Prozent Ukrainer sowie auch 1,4 Prozent Russen – als Kriterien für die nationale Zuordnung galten Selbstauskunft sowie Sprachgebrauch.[22] In den Jahren bis zum Zweiten Weltkrieg wuchs die Gesamtzahl der Auswanderer laut sowjetischen Angaben auf 1,1 Millionen an, wobei Moskau nicht mehr nach deren Nationalität fragte.[23] Diese Verständigung mit den Bolschewiki galt in konservativen polnischen Kreisen allerdings als ein Verrat an der nationalen Sache, denn trotz allem blieben fast zwei Millionen Polen in Russland zurück – und nicht immer bloß aus Desinteresse an einer Umsiedlung, sondern oft auch wegen einer Weigerung der kommunistischen Machthaber, sie gehen zu lassen.

Das neue Polen umfasste 1921 eine Fläche von 387 000 Quadratkilometern und 27 Millionen Menschen. Das war deutlich weniger, als Piłsudski erhofft hatte – und sogar jeweils etwa 20 Prozent weniger, als Roman Dmowski, der Führer der Nationaldemokraten, mit seinen Vorstellungen eines im Vergleich zu der von Piłsudski angestrebten Föderation kleineren, ethnisch homogeneren Landes in seinen Schriften forderte.[24] Doch schon die Verwaltung dieses «kleinen» Polens erwies sich als enorme Herausforderung, weil im Osten ein großer Teil des Beamtenapparats nach Russland gegangen war und die wenigen verbliebenen Staatsdiener als ebenso unzuverlässig galten wie die vielen russisch-orthodoxen Priester; grundsätzlich waren beide Gruppen zwar staatstragend, aber sie standen unter dem permanenten Verdacht der Illoyalität. Um das Chaos perfekt zu machen, galt in den Kresy nach wie vor altes zarisches Recht gepaart mit deutschen Besatzungsanordnungen und neuen legislativen Maßnahmen aus Warschau.[25]

Als größte Schwierigkeit sollte sich der Aufbau des zerstörten Landes erwiesen. Auch davon hatte Piłsudski angesichts des Waffenstillstands bereits gesprochen:

> Große Landstrecken sind gewonnen worden, die verödet daliegen und die der Weltkrieg fast in eine Wüste verwandelt hat. Ich habe der Regierung bereits den Vorschlag gemacht, einen Teil des errungenen Bodens denjenigen als Eigentum zu überlassen, die ihn polnisch machten, indem sie ihn mit polnischem Blut und unermesslichen Mühen düngten. Von der blutigen Saat des Krieges ermüdet, wartet diese Erde auf die Saat des Friedens, wartet auf diejenigen, die das Schwert in die Pflugschar verwandeln. Ich möchte wünschen, dass Ihr in dieser künftigen Arbeit ebenso viele friedliche Siege erringt, wie sie Euch die Kriegsarbeit brachte.[26]

Indem der Marschall seinen Soldaten einen Anteil an der Beute versprach, sicherte er sich ihre Loyalität. Gleichzeitig verschärfte seine Ankündigung die sozialen Spannungen im Osten Polens, wo es außer Subsistenzwirtschaften nur großagrarische Betriebe gab: Wenn Landwirtschaften für mehr als nur eine Familie reichten, gehörten sie meist adligen Grundbesitzern und umfassten über 500 Hektar. Alleine 207 Güter wiesen eine Fläche von über 3000 Hektar auf, wobei es sich meist um wenig ertragreichen Streubesitz handelte.[27] Die Bolschewiki hatten hier eine vollständige Umverteilung angekündigt und begonnen, doch Warschau machte diese nun rückgängig. Das wiederum schürte den Unmut unter den Veteranen, die sich um ihren Anteil am Sieg betrogen fühlten. Mindestens genauso bedeutsam war, dass unter diesen Bedingungen kein Aufschwung in den Kresy möglich war, weil schlicht die Vorkriegsverhältnisse wiederhergestellt wurden. Selbst wenn der Schulbesuch nun, anders als noch im Zarenreich, verpflichtend war und Gelder in die Infrastruktur flossen,[28] blieb vielen Einwohnern Ostpolens nichts anderes übrig, als die Heimat zu verlassen.

12. Bewunderer und Revisionisten – Das Erbe des Krieges

Was wäre passiert, wenn die Rote Armee nicht vor Warschau eine entscheidende Niederlage erlitten hätte? Die europäische Geschichte sähe mit Sicherheit anders aus. Doch selbst nach einem Sieg über Polen wäre Sowjetrussland zu schwach gewesen, um ohne eine Revolution in Deutschland irgendwelche Hoffnung auf einen weiteren Vormarsch nach Westen hegen zu können. Die Reichswehr, so sehr sie durch die Versailler Vorschriften kleingehalten wurde, verfügte über ein enormes Mobilisierungspotential, und bei aller Feindschaft hätten London und Paris einen derartigen Schritt der kommunistischen Weltrevolution um jeden Preis verhindern wollen.

Die Möglichkeit eines Konflikts zwischen Berlin und Moskau war deshalb 1920 wesentlich unwahrscheinlicher als ein Bündnis dieser beiden Verlierer des Ersten Weltkriegs, zumal Lenin im Juli und August 1920 bereits zwei Anfragen für ein gemeinsames Vorgehen gegen Polen an Deutschland gerichtet hatte. Beide Staaten fühlten sich von der Entente betrogen und bedroht. Gemeinsam hätten sie einen starken Gegenpol zu den Westmächten bilden können.[1] Eine erneute militärische Intervention Frankreichs und Englands in Russland, die ab Mitte 1920 ihr Engagement für die «Weißen» als offensichtlich vergeblich einstellten, erschien wenig plausibel, zumal es erhebliche Zugeständnisse an

Deutschland bedeutet hätte. Eine Wiederaufnahme des Weltkriegs an der Westfront hingegen wäre an einer mangelnden Legitimation gescheitert, solange das Reich nicht selbst militärisch aktiv würde.

Ein Ostmitteleuropa in russisch-deutscher Hand also, beinahe wie zu Zeiten der Teilungen Polens, bloß ohne Österreich? Ethnische Spannungen auf ihrem Territorium hätte die Sowjetunion mit Gewalt unterdrückt und zudem Gebietsverluste verhindert. Russland und Deutschland hätten keinen Grund für Revanchismus oder einen neuen Krieg gehabt. All dies ist allerdings kontrafaktische Spekulation. Und je weiter der Blick in die potentielle Zukunft schweift, desto vager ist er, obwohl es zwischen 1939 und 1941 unter anderen Vorzeichen tatsächlich so kommen sollte.

1920 wollte Piłsudski seine Ideen einer Ostmitteleuropa dominierenden Föderation unter Warschauer Leitung durchsetzen. Damit scheiterte er. Aber er sicherte die Existenz seines Landes und schob der latenten Bedrohung durch Russland und den Bolschewismus vorerst einen Riegel vor. Eine Niederlage seiner Truppen hätte wohl hauptsächlich für Polen einen Unterschied gemacht. Entscheidende Auswirkungen für Deutschland oder gar Europa scheinen demgegenüber unwahrscheinlich. Die bis heute gerne angeführte Rettung der Demokratie und des Kontinents vor kommunistischer Unterdrückung, die angeblich im August 1920 stattfand, ist ein schönes Schlagwort. Viel Substanz steckt nicht dahinter.

Trotzdem stellt der Krieg eine wichtige Zäsur dar: Der Traum von der Weltrevolution war ausgeträumt. Der europäischen Angst vor einer Ausbreitung des Kommunismus stand in Russland nun eine ähnlich ausgeprägte Furcht vor Angriffen des Westens gegenüber.[2] Zugleich konnten und mussten sich die Bolschewiki, nachdem ihr expansionistisches Programm keine Perspektive mehr hatte, auf die Innenpolitik konzentrieren. Das Ende des Kriegskommunismus war die Folge, das System trat in eine Phase der Konsolidierung ein, die ganz wesentlich für sein Überleben war.

Josef Stalin, der damalige Nationalitätenkommissar, erklärte auf dem 12. Parteikongress der Kommunisten im April 1923, dass Polen und Deutschland nicht in die Sowjetunion passten. Beide Länder würden sich niemals damit zufrieden geben, in einer Föderation die gleichen Rechte wie etwa die Ukraine zu haben.[3] Stalin hatte diese Einschätzung als Warnung schon während des Krieges 1919/20 ausgesprochen; drei Jahre später äußerte er sie erneut als eine Art Rechtfertigung seiner damaligen Haltung. Es war auch eine Auseinandersetzung mit der Schuld an der Niederlage, die ihm das Politbüro und Lenin zugeschoben hatten. Nach dessen Tod, als sich Stalin zum neuen Alleinherrscher der Sowjetunion aufschwang, entwickelte er das Konzept vom «Sozialismus in einem Lande», das ab den 1930er Jahren Staatsdoktrin wurde. Es war ein erneuter, offizieller Abschied von der Weltrevolution – und zeugte zugleich von Stalins andauernder Bestrebung, die im Konflikt mit Polen entstandene Scharte in seiner Biographie auszuwetzen.

Stalin wollte die Erinnerung an den Polnisch-Sowjetischen Krieg, die Niederlage und seine persönliche Demütigung in deren Folge, tilgen. Nur ein einziges Mal kam er öffentlich darauf zurück: Auf der Konferenz von Jalta 1945 informierte er die Staatschefs der USA und Großbritanniens, Franklin D. Roosevelt und Winston Churchill, über die von ihm beschlossene «Westverschiebung» Polens. Nach dem Sieg über das nationalsozialistische Deutschland sollte Polen weite Gebiete in Pommern, Schlesien und der Neumark erhalten, während die Sowjetunion ihrerseits Teile Ostpolens erhielt, die sie bereits zwischen 1939 und 1941 besetzt hatte. Die neue Grenze entsprach im Wesentlichen der altbekannten Curzon-Linie.

Sämtliche Proteste der Westmächte gegen diese Annexion wies Stalin zurück: Er komme nur auf einen Vorschlag der Entente von 1919 und 1920 zurück; Polen habe im Vertrag von Riga 1921 die Schwäche der Bolschewiki einseitig ausgenutzt. Die einzig legitime Grenze zwischen beiden Staaten sei diejenige, die die Alliierten schon damals favorisiert hätten.[4] Stalins Totschlagargument war nicht beizukommen, denn er referierte eine historische Tatsache, die den Westen nicht gut aussehen ließ – und einmal mehr dessen vorgebliche Freundschaft mit Polen in zweifelhaftem Licht erscheinen ließ. Wie schon 1920 waren den Alliierten auch 1945 ethnische Verhältnisse und gewachsene territoriale Zugehörigkeiten in Osteuropa nicht wirklich wichtig. Selbst wenn sie eine andere Lösung bevorzugten, wollten sie sich dafür nicht über Gebühr engagieren.

Der «Sozialismus in einem Lande» war in den 1920er Jahren als Ideologie gegen Stalins innerparteilichen Hauptrivalen Leo Trotzki und dessen Anhänger gerichtet. Diese Gegnerschaft hatte sich spätestens 1920 zur persönlichen Feindschaft entwickelt. Ähnlich groß war Stalins Hass auf Michail Tuchatschewski, dessen glänzende Karriere nach der Niederlage vor Warschau kaum Schaden genommen hatte: Der Marschall wurde als Generalstabschef der führende Stratege der Sowjetunion. Doch bereits 1930 gab es erste Ermittlungen gegen ihn, die Geheimpolizei GPU unterstellte ihm Putschabsichten. Es war ein völlig absurder Vorwurf, der – vorerst – folgenlos blieb.[5]

Tuchatschewski war innerhalb der Roten Armee nicht unumstritten. Zwar zweifelte niemand seine Kompetenz an, doch er galt als arrogant und hatte immer wieder deutlich zu erkennen gegeben, für wie wenig fähig und im 19. Jahrhundert verwurzelt er Männer wie Kliment Woroschilow oder Semjon Budjonny hielt. Aber Letztere waren engste Verbündete Stalins und, wie dieser, für die Niederlage im Polnisch-Sowjetischen Krieg verantwortlich gemacht worden. Stalin ließ Tuchatschewski am 22. Mai 1937 verhaften und in der Geheimdienstzentrale Lubjanka foltern. Er verzichtete sogar auf die Teilnahme an der Beerdigung seiner Mutter, um sein Komplott perfekt vorzubereiten. Tuchatschewski brach zuletzt zusammen und «gestand» die wirre Anschuldigung, seit 1928 gemeinsam mit Nikolaj Bucharin einen Putsch als Marionette der Deutschen geplant zu haben.

Am 1. Juni 1937 informierten Stalin und Woroschilow die Führung der Roten Armee über die angeblich zahlreichen deutschen Agenten im Oberkommando. Noch während dieses Treffens ließen sie erste Offiziere verhaften, so dass die übrig gebliebenen nur zu gerne den neuen Kurs unterstützten. Am 11. Juni tagte ein Militärtribunal über Tuchatschewski. Das Todesurteil erging noch am gleichen Tag, am 12. Juni erfolgte die Hinrichtung.[6] Andere Mitstreiter Tuchatschewskis erlitten das gleiche Schicksal: der herausragende Kavallerist Gai Dmitrijewitsch Gai, Nikolaj Sollogub sowie beinahe alle anderen kommandierenden Generäle des Krieges gegen Polen.[7] Es war Stalins Rache für die 1920 erlittene Demütigung.

Zugleich trug die Enthauptung der Roten Armee entscheidend zu deren desaströsen Niederlagen 1941 gegen die Wehrmacht bei. Einerseits, weil Tausende kampferfahrene Offiziere und Generäle nicht einfach so ersetzt werden konnten. Und andererseits, weil damit eine Abkehr von der modernen Militärdoktrin verbunden war, die Tuchatschewski als Generalstabschef bis dato gefördert hatte: Anhand seiner Erfahrungen im Polnisch-Sowjetischen Krieg baute er die nach 1921 massiv abgerüstete Rote Armee wieder auf und verordnete ihr eine neue Strategie.[8]

Tuchatschewski sah klar voraus, dass künftig Bewegungskriege geführt würden, bei denen beide Seiten angreifen:

> Die Möglichkeit einer Überraschung entfällt völlig. Das Versammeln von Stoßmassen ermöglicht dem Gegner, rechtzeitig einen Gegenstoß vorzubereiten, und diese werden auch im entsprechenden Zeitpunkt und an der entsprechenden Stelle seinem Gegenangriff begegnen.

Eine erfolgreiche Offensive müsse daher in drei Phasen ablaufen: einer Anfangsoperation, um die gegnerische Front zu durchstoßen und den Gegner zum Rückzug zu zwingen; dann einem schnellen Nachstoßen, das dem Feind keine Atempause lässt und eine Neuformierung seiner Kräfte verhindert; und schließlich die Auflösung jeglicher Koordination des Gegenübers:

> Eine Reihe logisch durchgeführter Vernichtungsmanöver, die mit ununterbrochener Verfolgung verbunden sind, kann also diese Entscheidungsschlacht ersetzen, die seinerzeit die beste Kampfart bildete, als die Armeen nicht derart ausgedehnte Fronten besetzen mussten.[9]

Selbst wenn Tuchatschewski vor Warschau kein Sieg gelungen war, identifizierte er doch die speziell für diese Art von Krieg geeigneten Truppen. Er plädierte für drei gestaffelte Panzergruppen in Kombination mit Artillerie, Infanterie usw., um den Feind zu zerschlagen. Mit dem Fokus auf Panzer war eine Abkehr von der bisher im Osten dominierenden Kavallerie verbunden, was deren Anhänger zum Widerstand herausforderte. Budjonny warf Tuchatschewski in diesem Zusammenhang sogar Sabotage vor, weil dieser darauf gedrängt hatte, Panzerdivisionen aufzustellen.[10] Die Sowjetunion ging deshalb mit über hundert weitgehend nutzlosen Kavalleriedivisionen in den Zweiten Weltkrieg und löste diese Truppengattung erst 1955 auf; Semjon Budjonny erfreute sich bis zu seinem Tode 1973 großer Popularität als militärischer Volksheld.

Dass eine Abkehr von der hergebrachten Kriegführung mehr

Abb. 10 Die ersten fünf Marschälle der Sowjetunion 1935: Michail Tuchatschewski, Semjon Budjonny, Kliment Woroschilow, Wassili Blücher und Alexander Jegorow.

bei den Verlierern als den Siegern geschah, überrascht wenig – Erstere mussten schließlich eine Fehleranalyse betreiben. Dazu hatte bereits Lenin aufgerufen, der zutreffend schrieb, das Übergewicht der eigenen Kräfte überschätzt zu haben.[11] Freilich war es von diesem Gedanken bis zu einer neuen Militärdoktrin ein weiter Weg. So gingen die meisten zeitgenössischen sowjetischen Strategen davon aus, viel mehr aus dem Ersten Weltkrieg als aus dem Bürgerkrieg ableiten zu können. Kampfgeist, Ideologisierung und Improvisation, die gegen die «Weißen» geholfen hätten, würden gegen industrialisierte Länder nicht mehr ausreichen.[12] Tuchatschewski teilte zumindest letztere Bewertung. Er war außerdem der Überzeugung, dass Terrain zum Manövrieren künftig nicht mehr gegeben sein würde. Neben einer neuen offensiven Doktrin benötige man daher zudem eine defensive, wobei hierfür die Erfahrungen von 1920 wertvoller seien als etwa diejenigen der Schützengräben nach 1914. Dieses Nachdenken über künftige Kriege transformierte das sowjetische Militär von Bürgerkriegstruppen hin zu einer schlagkräftigen, modern ausgerüsteten Armee. Die auf Tuchatschewski zurückgehenden Strategien lebten bis in die 1980er Jahre fort und wurden auch von der NATO als «Follow-on Forces Attack» beziehungsweise von den USA als «AirLand Battle» adaptiert.[13]

Die Rote Armee lernte also aus ihren Fehlern – aber ihre potentiellen Gegner stellten diese Wandlung weithin in Abrede. Das deutsche Schlagwort vom «Giganten auf tönernen Füßen» legte davon beredtes Zeugnis ab.[14] Diese Hybris brachte der Wehrmacht nur deshalb nicht bereits zu Beginn ihres Angriffs auf die Sowjetunion eine Niederlage, weil Stalins Säuberungen in der zweiten Hälfte der 1930er Jahre die Protagonisten dieser Erneuerung beseitigt hatten. Für Stalin war Mord die wichtigste politische Konfliktlösungsstrategie, und wenn er etwas aus dem Krieg von 1920 gelernt hatte, dann, dass mit polnischer Kooperation nicht zu rechnen war. Ein Umwerben, wie es das «Polnische Büro» um Julian Marchlewski versucht hatte, war 1939, nach der Okkupation Ostpolens, keine Überlegung mehr. Stattdessen ließ Stalin das Gebiet annektieren und in die Sowjetrepubliken Belarus und Ukraine eingliedern. Die angestammten Eliten aus Verwaltung, Klerus und Militär wurden verfolgt und verhaftet. Die anschließenden Morde von Katyn an polnischen Offizieren waren eine weitere Konsequenz Stalins aus den Erfahrungen mit Polen 1919/20.[15] Der Verlierer dieses Konflikts war 1939, spätestens aber 1945 zum einzigen Sieger geworden: Seine Nationalitätenpolitik dominierte. Stalin hatte seine Grenzvorstellungen ebenso durchgesetzt wie seine Lesart der Vergangenheit – jeder, der im entstehenden Ostblock hätte widersprechen können, war entweder verstorben oder durch ihn ermordet worden.

All dem steht der polnische Umgang mit dem Krieg von 1920 gegenüber. Militärische Lehren unterblieben weitgehend. Zwar veröffentlichten die meisten von Piłsudskis Generälen in den folgenden Jahren ihre Memoiren, aber diese glichen eher Rechtfertigungsschriften und waren meist trockene Detailbeschreibungen einzelner Kampfhandlungen, ohne sich irgendwelchen übergreifenden strategischen Fragen und möglichen Entwicklungen zu widmen. Das gilt ebenso für Piłsudski, der sich hauptsächlich mit Tuchatschewskis Bewertung des damaligen Geschehens auseinandersetzte, aber daraus keine weiterführenden Schlussfolgerungen zog. In dieser Logik schienen Panzer unnötig und ungeeignet, die Entscheidung brachten noch stets heroische Männer und ihre Pferde. Polen blieb, auch mangels schwerindustrieller Kapazitäten, der Kavallerie verhaftet.

Immerhin hatten einige Generäle wie Władysław Sikorski oder Piłsudski selbst das Paradigma des Bewegungskrieges erkannt, das künftige Konflikte auszeichnen sollte. In Frankreich ging man vollkommen darüber hinweg; Maxime Weygand kritisierte die polnische Kampfweise 1920 als veraltet und nicht an den Erfahrungen des Ersten Weltkriegs ausgerichtet. Dabei bezog er sich aber ausschließlich auf die Schützengräben der Westfront – die es so nirgendwo sonst gegeben hatte. Krieg war früher – und sollte auch später immer – Bewegungskrieg sein. Die Regel war nicht die Westfront des Ersten Weltkriegs, sondern Polen 1920. Dieses Lernversagen, oder besser: diese Lernverweigerung, kannte in Frankreich mit Charles de Gaulle nur eine bedeutsame Ausnahme. Der spätere Staatspräsident hatte seine Einsichten über den Polnisch-Sowjetischen Krieg nicht nur im Hauptquartier in Warschau gewonnen, sondern er war vor Ort gewesen, wo er klar das Potential schneller Attacken erkannte.[16] De Gaulle favorisierte dabei, wie Tuchatschewski, jedoch nicht Reiterei, sondern Panzer. 1940 war er einer der wenigen französischen Generäle, der gegen die vorrückende Wehrmacht zeitweise erfolgreich operieren konnte.

Die taktische Überlegenheit des deutschen Heeres in der ersten Hälfte des Zweiten Weltkriegs beruhte ganz wesentlich auf Vorstößen mit mechanisierten Einheiten. Aber die preußische Militärstrategie hatte schon 1870/71 und 1914 auf ein rasches Niederwerfen des Gegners und auf hohe Mobilität gesetzt, weil Deutschland nicht zu einem langen Zweifrontenkrieg in der Lage schien. Dieser war nach 1914 eingetreten und hatte letztlich zur Niederlage geführt. Was Reichswehr und Wehrmacht danach beschäftigte, war die Frage, wie eine derartige Situation künftig vermieden werden und die Dynamik aufs Schlachtfeld zurückkehren könnte. Piłsudski war hierfür ein bewundertes Vorbild. Als das Dritte Reich ihm zu Ehren ab 1935 seine gesammelten Schriften in Übersetzung herausbrachte, stammte das Vorwort des ersten Bandes von Hermann Göring, im zweiten der vier Teile von Reichswehrminister und Generaloberst Werner von Blomberg. Der erklärte den polnischen Marschall zum «Meister des Bewegungskrieges» und betonte zugleich die Bedeutung der Kavallerie, wobei er freilich besonders Budjonny für ihren Einsatz lobte. Dennoch sei der militärische Autodidakt Piłsudski als Sieger in diesem Konflikt eine geniale Ausnahmeerscheinung: «Für ihn gelten andere Maßstäbe als für die Allgemeinheit.»[17]

Letzterer Satz, so sehr Bewunderung aus ihm sprach, war zugleich ein ernster Hinweis darauf, dass die polnische Strategie nicht nur Anerkennung fand. Die Wehrmacht erkannte durchaus die prinzipielle Bedeutung von Tuchatschewskis Vorgehen und insbesondere dessen daraus gezogene Lehren, die er auf der sowjetischen Militärakademie verkündete. Die daraus resultierende Publikation, mit der sich Piłsudski in seiner Schrift über den Polnisch-Sowjetischen Krieg umfassend auseinandergesetzt hatte, nahmen die Deutschen in ihre Ausgabe der Werke des Marschalls mit auf. Tuchatschewski wurde gelesen, und besonders der für die Panzertruppen der Wehrmacht so wichtige Generaloberst Heinz Guderian schätzte ihn und lernte viel von seinen Überlegungen.[18]

Der sowjetische Marschall hatte, auch dank der guten Zusammenarbeit von Reichswehr und Roter Armee in den 1920er Jahren, viele Bewunderer in Deutschland. Er fand 1939, zwei Jahre nach seinem Tod, in General Kurt Agricola einen Biographen. Dessen Deutung des Polnisch-Sowjetischen Krieges war voller Sympathie für Tuchatschewski, der «das Opfer der Unfähigkeit seiner Unterführer» – insbesondere Budjonnys – geworden sei.[19] Er habe einen brillanten, modernen Angriffsplan verfolgt, der eigentlich zum Sieg hätte führen müssen; Piłsudskis Gegenoffensive sei demgegenüber wenig bemerkenswert und erwartbar. Für künftige Auseinandersetzungen könne und solle man nicht von Polen, sondern der Sowjetunion lernen. Es war dies schon Ausdruck der merklichen Abkühlung des deutsch-polnischen Verhältnisses, die am 1. September 1939 in den Einmarsch der Wehrmacht in das Nachbarland mündete.

Die Nationalsozialisten verehrten Piłsudski als Sieger über den Kommunismus. In den Worten Blombergs:

> Polen hat in schweren Kämpfen den Bolschewismus in den Raum seines Ursprungs zurückgeworfen und vor ihm einen festen Damm gegen Westen errichtet. Es hat damit Europa und besonders Deutschland vor dem Zusammenbruch bewahrt und zur Erhaltung der gesamten abendländischen Kultur in entscheidender Weise beigetragen. Das nationalsozialistische Deutschland Adolf Hitlers weiß diese Leistung zu schätzen.[20]

Tatsächlich änderte selbst der Feldzug 1939 nichts an der Bewunderung für Piłsudski. Bis zum Frühjahr 1941 stellten die deutschen Besatzer in Krakau sogar Ehrenwachen am Grab des 1935

Abb. 11 Adolf Hitler nimmt am 18. Mai 1935 in der Berliner St.-Hedwigs-Kathedrale am Requiem für Józef Piłsudski teil.

verstorbenen Marschalls. Sie beendeten diese Praxis nur deshalb, weil die Polen in Piłsudski ein Vorbild für den nationalen Zusammenhalt gegen die Unterdrücker sahen, ein Symbol für Widerstand. Doch noch am 5. Oktober 1939 hatte Hitler, als er in Warschau eine Siegesparade abnahm, das Belweder besucht, weil er den Ort der historischen Taten des großen Polen sehen wollte.[21] Und fast selbstverständlich war er zugegen, als am 18. Mai 1935 in der Berliner St.-Hedwigs-Kathedrale ein Requiem für den sechs Tage zuvor verstorbenen Piłsudski gehalten wurde. Zur Beerdigung nach Krakau entsandte er Hermann Göring.

Die nationalsozialistische Elite war vom Piłsudski-Mythos

genauso eingenommen wie die polnische Gesellschaft. Der Ruhm als Vater der Unabhängigkeit und Sieger über den Kommunismus stand in merkwürdigem Gegensatz dazu, dass der Marschall einen Staat gegründet hatte, den er gar nicht wollte – oder besser: in dieser Form nicht wollte. Nachdem eine Verfassung im März 1921 die Rechte des Präsidenten stark einschränkte, zog sich Piłsudski aus der Politik zurück. Eine Rolle als Staatslenker schien ihm nur erstrebenswert, wenn er weitreichende Vollmachten besaß. Das Präsidentenamt wäre daher nur dann für ihn interessant gewesen, wenn es der Sejm mit Prärogativen wie etwa in den USA ausgestattet hätte. Daran aber waren Piłsudskis Gegner von der Nationaldemokratie überhaupt nicht interessiert; ganz im Gegenteil wollten sie jede Möglichkeit ausschließen, dass ein Staatschef Piłsudski erneut Krieg führte, um seine Vision einer großpolnischen Föderation doch noch zu verwirklichen.[22]

Der Marschall blieb ein Sieger ohne Verantwortung, bis er im Mai 1926 gegen die gewählte Regierung putschte und erneut die Macht übernahm – allerdings ohne formal ein Staatsamt innezuhaben. Bei seinem Coup d'État konnte er sich auf das Militär stützen, das ihm nach wie vor treu ergeben war. Mit Piłsudski hatte es seine hervorragendste Stunde erlebt und ein Prestige erworben, das lange fortwirkte. Insbesondere die Generäle aus Piłsudskis innerem Zirkel, etwa Edward Rydz-Śmigły, Kazimierz Sosnkowski oder Lucjan Żeligowski, zählten bis 1939 zu den einflussreichsten Männern der Rzeczpospolita, zumal die Armee nach wie vor als Garant des Status quo gegen die vielen äußeren Feinde galt.[23] Zugleich fühlten sich viele einfache Soldaten durch die demokratische Regierung um ihre Anerkennung gebracht. Das galt vor allem auf der materiellen Ebene, denn von den gewaltigen Territorien im Osten profitierten sie nicht. Die Landreform, die Piłsudski ihnen in Aussicht gestellt hatte, unterblieb; nach wie vor bestimmten Großgrundbesitzer das wirtschaftliche Leben.

Nach dem Staatsstreich von 1926 dominierte die Armee auch gesellschaftlich. Und selbst wenn eine Umverteilung von Grund und Boden weiter auf sich warten ließ, konnten sich einfache Soldaten im gewachsenen Sozialprestige sonnen, das das Militär nun besaß. Es war der Träger von Piłsudskis Herrschaft, zugleich deren Machtbasis und zentrales Element des Personenkults. Die Erfolge des Marschalls wären ohne seine treuen Anhänger in Uniform nicht denkbar gewesen, weshalb ihnen ebenfalls ein Anteil an der Verehrung des pater patriae zufiel. Ganz bewusst instrumentalisierte das Regierungslager seine Selbstdarstellung in diesem Sinne, weil ideologische Begründungen für die eigene Herrschaft fehlten. Und so war der Piłsudski-Kult gleichzeitig legitimierend, integrierend und identitätsbildend für eine ganze Gesellschaft – selbst nach dem Tod des Marschalls.[24]

Doch damit ließen sich die vielfältigen Nationalitätenprobleme der Rzeczpospolita kaum überdecken. Das betraf zunächst die Ukrainer, die insbesondere in Galizien und Wolhynien lebten. Wo die Sowjetunion zu einer brutalen Unterdrückung überging, die in der Hungersnot der 1930er Jahre Millionen von Leben kostete, setzte Warschau auf Verständigung. Die ukrainische Nationalbewegung sah allerdings im Friedensvertrag von Riga einen Verrat an ihrem Bündnis mit Polen. Im September 1921 verübte Stepan Fedak in Lemberg einen erfolglosen Anschlag auf Piłsudski. Er handelte für die im Untergrund operierende Ukrainische Militärorganisation, die sich den Widerstandskampf gegen Polen auf die Fahnen geschrieben hatte. Anfangs bekannte sich diese Vereinigung zur Westukrainischen Volksrepublik, beschritt aber ab 1925 eigene Wege und ging ab 1930 schrittweise in der ähnlich militanten Organisation Ukrainischer Nationalisten auf, die im Zweiten Weltkrieg mit deutscher Duldung etwa 100000 Polen umbrachte.[25]

Um von diesen internen Problemen abzulenken und sie gewissermaßen den Sowjets aufzuhalsen, unterstützte Polen die zentralukrainische Unabhängigkeitsbewegung unter Symon Petljura. Da sich Piłsudski an sein Wort gebunden fühlte, stieg die Kooperation zwar nach seinem Maiputsch 1926 an, hatte aber fast zeitgleich den Tod Petljuras zu gewärtigen. Er wurde in Paris von dem jüdischen Anarchisten Scholom Schwartzbard erschossen, der sich für die Pogrome in der Ukraine rächen wollte. Weil er dabei 15 Familienmitglieder verloren hatte, sprach ihn ein französisches Gericht frei.[26]

Aber schon vorher hatte die ukrainische Exilbewegung keine substantiellen Ausmaße angenommen. 1921 waren knapp 15 000 ukrainische Soldaten formal in Polen interniert und kamen wenig später frei. 1929 registrierte Warschau noch 2651 dieser Männer, die militärisches Training erhielten und sich organisieren durften.[27] Sie blieben ähnlich unbedeutend wie Stanisław Bułak-Bałachowicz' Truppen, die nach dem Vertrag von Riga ebenfalls ihr polnisches Gewahrsam verließen. Bałachowicz selbst wurde in die polnische Armee aufgenommen, beriet zwischen 1936 und 1939 Francisco Franco im spanischen Bürgerkrieg und organisierte nach dem deutschen Einmarsch in Polen 1939 paramilitärischen Widerstand gegen die Besatzung; im darauffolgenden Jahr fingen und töteten ihn die Deutschen.

Die Idee einer weißrussischen und einer ukrainischen Nation hatte im Ersten Weltkrieg konkrete Züge angenommen. Die Auseinandersetzung zwischen Polen und Russland beendete diese Träume. Sowohl vor wie nach 1918 waren Ukrainer und Belarussen kaum mehr als Spielbälle imperialer Mächte, die ihre eigenen Reiche gegen die Gegner stärken, sich Vasallen und Pufferstaaten schaffen wollten. Moskau und Warschau dachten nie daran, Minsk und Kiew in eine tatsächliche Unabhängigkeit zu entlassen.[28] Zu eng schienen beide Länder jeweils mit West und Ost verbunden, zu viele ungeklärte Minderheitenprobleme existierten, und zu guter Letzt hätte eine Preisgabe des eigenen Einflusses doch nur den Zugriff des Feindes erlaubt. Es war die Tragik zweier Nationen zwischen Polen und Russland, die bis heute zu inneren wie äußeren Spannungen führt.

Anders gelagert war demgegenüber der Fall Litauen. Selbst wenn auch hier die beiden großen Nachbarn hegemoniale oder territoriale Ansprüche erhoben, stand die Existenz dieser Nation nie grundsätzlich in Frage. Doch mit seinem aggressiven Vorgehen verspielte Polen allen Kredit, den es aufgrund der gemeinsamen Vergangenheit noch hatte. Die Eingliederung des von Lucjan Żeligowski eroberten Wilnaer Gebietes nach Polen am 6. April 1922 war völkerrechtlich eine Annexion, während zugleich die demokratische Legitimation des mittellitauischen Parlaments fragwürdig blieb. Es verwundert nicht, dass die Regierung in Kaunas diese Entwicklung erst 1938, aufgrund militärischer Drohungen aus Warschau, anerkannte.[29]

Bis heute sind die polnisch-litauischen Beziehungen nicht frei von Belastungen, die in diese Zeit zurückdatieren. In Wilna, heute die Hauptstadt des EU-Mitgliedsstaates Litauen, wird stets die Bevormundung durch Warschau gefürchtet. Eine enger abgestimmte Außenpolitik der beiden Länder ist schon deshalb kaum möglich, weil die historischen Beziehungen nicht nur auf die alte Rzeczpospolita der frühen Neuzeit zurückgehen, sondern stets diejenige Föderation mitschwingt, die Piłsudski militärisch herbeiführen wollte.

Das Polen der Zwischenkriegszeit fand sich infolge dieser Kriegshandlungen außenpolitisch isoliert. In Ostmitteleuropa hatte es keine Partner, sondern revanchelüsterne Nachbarn und im eigenen Staat unzufriedene Minderheiten. Und selbst aus dem Westen war keine Unterstützung zu erwarten. Deutschland drängte angesichts der Versailler Bestimmungen ebenfalls auf eine Korrektur der Grenze zum Nachbarland und war über die

Verluste an Territorium und Menschen höchst verärgert. Für Hitler war der breite gesellschaftliche Rückhalt revisionistischer Forderungen die perfekte Rechtfertigung für den Beginn des Zweiten Weltkriegs. Erst nach Ausbruch der Kampfhandlungen 1939 waren die Alliierten bereit, sich ernsthaft zu engagieren. Im Zwischenkriegspolen blieben sie wenig wohlgelitten, denn ihr Verhalten in den Jahren zwischen 1918 und 1920 war nicht dazu angetan gewesen, das Vertrauen der Menschen zu gewinnen. Kaum jemand hatte die Idee der Curzon-Linie vergessen, die als Demütigung erster Güte galt.[30] Immerhin, Polens Sieg über Russland lag letztlich im Interesse der Entente. Anstatt weitere militärische Auseinandersetzungen mit den Kommunisten zu führen, konnten sich England und Frankreich um ihre innenpolitischen Probleme kümmern. Auch mussten sie keine Rücksichten auf Deutschland nehmen, weil dieses nicht als Verbündeter gegen Moskau diente. Nur deshalb, weil man Polen als Anker gegen seine beiden aggressiven Nachbarn brauchte, kam es in den folgenden Jahren zu einer Annäherung, die hauptsächlich von Frankreich ausging.[31]

Als größtes Hemmnis einer Unterstützung auch von Seiten der USA erwies sich, insbesondere in den Jahren unmittelbar vor dem Zweiten Weltkrieg, der dort negativ wahrgenommene Antisemitismus in Polen.[32] Dessen angestammte katholisch-ökonomische Ausprägung war einerseits von Roman Dmowski um eine nationale Komponente erweitert worden und hatte andererseits in Gestalt des Judäo-Bolschewismus eine neue und wesentlich folgenschwerere Aufladung erhalten. Bereits im Mai 1921 schrieb Oberstleutnant Stanisław Laudański für den polnischen Generalstab eine Studie «Genesis duszy żydowskiej» («Genese des jüdischen Geistes»), in der er eine letale Bedrohung durch die Juden beschwor. Die Juden würden von jedem Umsturz der aktuellen Ordnung immer am meisten profitieren und könnten stets die Weltmeinung manipulieren, weil die Christen zu weich seien. Die Entjudung (polnisch: odżydzenie) sei die geeignete Maßnahme, die freilich noch nicht offizielle Politik wurde.[33] Als dann 1939 die Rote Armee Ostpolen besetzte, erhielten die Stereotype von der Verbindung der Juden mit den Kommunisten neue Nahrung. Auch deshalb kam es 1941, mit dem Einmarsch der Wehrmacht in die Sowjetunion, in zahlreichen Orten der Kresy zu Pogromen der lokalen Bevölkerung, die sich an den angeblichen Kollaborateuren rächen wollte.

Allerdings waren die Juden nicht nur in Polen einem mörderischen Antisemitismus ausgesetzt. Der russische Bürgerkrieg machte sie an vielen Orten und unter verschiedenen Regimen zu potentiellen Opfern; lediglich die Ausprägung der Gewalt unterschied sich. Verschiedentlich sind diese Exzesse als Vorläufer des Holocaust interpretiert worden,[34] aber das ist angesichts der doch gravierenden Unterschiede wohl wenig zielführend. Die Dimension der Vernichtung bereits in jener Zeit sollte dennoch nicht unterschätzt werden. Auch deshalb ging die Zahl der Juden im Staatsdienst in Galizien von über 12 000 auf nur etwas mehr als 5000 zurück, die der Bahn- und Postbeschäftigten sogar von etwa 6000 auf nur mehr 670.[35]

13. Der Polnisch-Sowjetische Krieg heute

Insbesondere die kommunistische Herrschaft in Polen nach 1945 hat zur Integration des «Wunders an der Weichsel» in den Piłsudski-Mythos beigetragen, wenn auch unfreiwillig: Die Volksrepublik wollte die Bedeutung des Staatsgründers von 1918 gerne herunterspielen. Dieser war zwar von seiner politischen Herkunft Sozialist, aber eben auch ein Kämpfer gegen die Bolschewiki und gegen jeglichen Kommunismus im eigenen Lande. Als glühender Nationalist, der ein Land in ganz anderen Grenzen als denjenigen nach 1945 erfochten hatte, durfte er nicht mehr als Held firmieren, sein Sieg sollte vergessen werden. Für die Gegner des Staatssozialismus wiederum war es geschichtspolitisch höchst attraktiv, das Bild des pater patriae mit dem des Siegers über Moskau und die Rote Armee zu verschmelzen, denn gänzlich tabuisieren konnten die Nachkriegskommunisten Piłsudski nicht; nur vereinzelt zerstörten sie Denkmäler und Memorabilia. Auf diese Weise trat der Deutungsstreit über den Polnisch-Sowjetischen Krieg in eine neue Phase, während die Piłsudski-Verehrung eine Erneuerung erfuhr: Die Gewerkschaftsbewegung Solidarność propagierte sein Andenken als Kämpfer für Freiheit und Unabhängigkeit, der Polen vor Russland gerettet hatte.[1]

Diese Interpretationslinie ist bis heute dominierend. Piłsudski wurde durch ungezählte neue Denkmäler geehrt, bei denen höchstens noch zu diskutieren war, ob sie auch groß genug seien.[2]

Sein «Wunder an der Weichsel» war demnach ebenso sehr die heldenhafte Selbstrettung Polens wie die Bewahrung Europas vor dem Bolschewismus. Piłsudskis Imperialkrieg wird in dieser Sichtweise zu einer reinen Verteidigung gegen einen bösartigen Aggressor. Der Regisseur Jerzy Hoffman zelebrierte diese Auffassung 2011 in seinem 3D-Blockbuster «Bitwa Warszawska 1920» (der deutsche Titel lautete: «1920 – Die letzte Schlacht») als kitschige Liebesgeschichte inmitten blutig-religiöser Gemetzel.[3] Statt des Aufeinanderprallens von Nationalismus und Sozialismus, der beiden bestimmenden Ideologien des 20. Jahrhunderts, wurde der Krieg zum Kampf von Freiheit und Demokratie gegen Tyrannei und Unterdrückung verklärt. In den Hintergrund traten die Kriegsmüdigkeit auf beiden Seiten und der Missbrauch der «kleinen» Leute für «große» Ziele. Wenig Beachtung fand außerdem, wie sehr selbst die Anführer auf beiden Seiten in ihrer Gedankenwelt verfangen waren und keinerlei Optionen außer Gewalt sehen konnten und wollten.

Um den Preis riesiger ziviler Opfer hatte Polen 1920 eine Niederlage gegen die Bolschewiki vermieden. Das war, gerade nach dem Friedensvertrag von Riga, die zeitgenössische Deutung. Und erst in Afghanistan, über 60 Jahre später, ist Moskau erneut militärisch bezwungen worden. Nimmt man den Triumph der Solidarność 1990 hinzu, ist Polen damit das einzige Land, das zwei Mal den Kommunismus überwand. Doch die Ereignisse 1920 zu einem glorreichen Sieg zu verklären, verkennt die Realitäten. Die Rzeczpospolita war zwar daraufhin der dominierende Staat in Ostmitteleuropa, bezahlte dafür aber mit außenpolitischer Isolation und inneren Problemen. Sowjetrussland musste sich zwar vom Traum der Weltrevolution verabschieden, trat aber in eine Periode erfolgreicher Konsolidierung ein.

Kritik an einer ansonsten gänzlich ungetrübten Bewunderung kommt im heutigen Polen erstaunlicherweise fast ausschließlich aus der ganz rechten Ecke: Der Publizist Piotr Zychowicz legte unlängst ein Buch über einen unabsichtlichen Pakt zwischen Lenin und Piłsudski vor. Demnach hätte Letzterer mit seinem Friedensschluss erst den Sieg der Bolschewiki über die «Weißen» ermöglicht und so das Überleben des Kommunismus gesichert. Wenig später habe der Verzicht auf die Ukraine einen sowjetischen «Holocaust» an der dort lebenden polnischen Minderheit nach sich gezogen.[4] Die Stoßrichtung dieser Attacke ist ähnlich derjenigen, die Piłsudskis Vorgehen gegen die Nationaldemokraten kritisiert, weil damit die einzige Bewegung geschwächt worden sei, die etwas gegen die deutsche Bedrohung und den drohenden Zweiten Weltkrieg habe unternehmen können.[5] In einem fast paranoiden Wahn sehen sich polnische Rechtskonservative im 21. Jahrhundert umgeben von Feinden, denen man nur durch engsten Zusammenhalt im Inneren begegnen könne. Gleichzeitig müsse nach außen Stärke demonstriert und auf die historischen Verfehlungen der Nachbarn hingewiesen werden. Eine Eintrübung mancher vormals guter Beziehungen angesichts dieser Geschichtspolitik bleibt nicht aus.[6]

Einen nicht von Polen eröffneten Nebenschauplatz dieses Diskurses stellen die Auseinandersetzungen mit Russland über die Zahl der damals in polnischer Gefangenschaft gestorbenen Rotarmisten dar. Die russische Seite spricht von polnischen Konzentrationslagern und führt bis zu 80 000 – wohlgemerkt aktiv – ermordete Soldaten ins Feld. Tatsächlich geht es dabei vor allem um eine Art Aufrechnung der stalinistischen Morde an den polnischen Eliten in Katyn, weshalb Moskau als Minimum 22 700 Opfer nennt, entsprechend den dortigen Opferzahlen.[7] Einmal mehr wird damit eine Verbindung mit dem Zweiten Weltkrieg hergestellt, wobei die Instrumentalisierung das traurige Schicksal der Tausenden Toten überdeckt und diskreditiert.

Einig sind sich beide Seiten höchstens darin, dass sie jeweils einen Verteidigungskrieg geführt hätten. Man sei von Verbündeten gerufen worden, man habe für eigene ethnische Minderheiten gekämpft oder lediglich historische Ungerechtigkeiten korrigieren wollen. Wie zu allen Zeiten will niemand als Aggressor dastehen, sondern als friedliebendes Land, das von einem bösen Feind bedrängt wurde. Weil die Sachlage in der Tat komplex ist und sowohl Polen wie die Sowjets jeweils expansiv agierten, bleiben auch derartige Interpretationen meist unwidersprochen.

Polens Unabhängigkeitsfeiern 2018 reichen angesichts dieses gänzlich ungetrübten Geschichtsbilds bis ins Jahr 2021 und zelebrieren das «Wunder an der Weichsel» ebenso wie den Frieden von Riga. Man begeht all das selbstverständlich ohne Russland, denn der Jahrhundertfeind ist heute so suspekt und bedrohlich wie schon lange nicht. Vor allem bejubelt man sich dann selbst, weil auch Europa und der Westen immer mehr in Verruf gekommen sind: Deren damalige Politik beschrieb der Historiker Andrzej Nowak unlängst als «ersten Verrat» und vorweggenommenes Appeasement.[8] In diesem Sinne hat Polen also ganz alleine und gegen alle Widerstände Unabhängigkeit und Staatsgebiet erkämpft. Eine wirkmächtige Deutung, in deren Tradition sich Jarosław Kaczyńskis Regierung als Retter vor der Europäischen Union, vor deutscher Dominanz und russischer Aggression inszeniert.

Passend dazu zeigt das Museum der Unabhängigkeit eine neue Dauerausstellung mit dem Titel «Polonia Restituta. Um Unabhängigkeit und Grenzen 1914–1921», zudem eröffnet in Sulejówek, unweit von Warschau an Piłsudskis ehemaligem Landsitz, ein weiteres jener modernen Geschichtsmuseen, für die Polen inzwischen berühmt ist. Dem Marschall gilt der größte Teil der Erinnerung. Ihm folgt beinahe gleichrangig Roman Dmowski, den das heutige Regierungslager als wichtigen Vordenker bewundert. In geringerem Maße werden auch Wincenty Witos, der

Führer der Bauernpartei, der Sozialist Ignacy Daszyński sowie Ignacy Jan Paderewski staatliche Anerkennung erfahren. Das fein nuancierte Gedenken an diese Helden ist gesamtgesellschaftlich integrativ. Zugleich suggeriert es die Notwendigkeit für alle wahren Patrioten heute, die Nation wieder verteidigen zu müssen.

2018 zeigte ein offizielles Plakat zu den Gedenkfeiern die von Piłsudski erkämpften Staatsgrenzen, so wie sie bis zum Zweiten Weltkrieg Bestand hatten. Sie verschwimmen mit der Gestalt des heutigen Polen und künden von vergessenen Siegen und vom Traum von den Kresy.[9] Nach wie vor ist der Polnisch-Sowjetische Krieg von zentraler Bedeutung für das Verständnis und Selbstverständnis unserer Nachbarn.

Dank

Viele Freunde und Kollegen haben zum Werden dieses Buches beigetragen, nicht zuletzt, indem sie ausgewählte Passagen lasen und mit mir diskutierten. Zuvorderst danke ich Jochen Böhler, mit dem ich ein weiteres Forschungsgebiet gemein habe, der eigene Ergebnisse freigiebig teilte und Teile des Manuskripts las. Jürgen Zarusky und Piotr Szlanta wiesen mich auf Literatur hin, Letzterer zudem auf geeignetes Bildmaterial. Peter Lieb war in allen militärischen Fragen ein kompetenter Ansprechpartner, Hans Christian Jasch bei völkerrechtlichen Aspekten. Eva Reder und Wolfram Dornik halfen mir, die komplexen ethnischen Dimensionen dieser Zeit besser zu verstehen. In der Deutschen Gesellschaft für Auswärtige Politik konnte ich einer Debatte von Włodzimierz Borodziej und Jörn Leonhard beiwohnen und von ihren weitgefassten Perspektiven und Blickwinkeln lernen.

Peter Klein ist ein Kollege, wie man ihn sich nicht besser wünschen könnte – er hielt mir am Touro College Berlin stets den Rücken frei, so dass ich die Muße für diese Untersuchung finden konnte. Sebastian Ullrich und Matthias Hansl zeigten sich beim Beck-Verlag offen für meine Vorstellungen und ließen mich einfach schreiben, Daniel Bussenius kümmerte sich ums Lektorat.

Am wichtigsten war meine Familie. Meine Eltern korrigierten das gesamte Manuskript. Martas kritische Kommentare hoben es auf ein neues Niveau. Und Susanne ist zum Glück mit ihren vier Jahren zu jung, um sich für Kriege und Nationen zu interessieren. Sie sorgte für die notwendige Ablenkung.

Anmerkungen

1 Stanisław Rostworowski, Listy z wojny polsko-bolszewickiej 1918–1920, Warszawa 1995, S. 45. Brief an die Ehefrau, 17.5.1919.
2 Isaak Babel, Tagebuch 1920, Berlin 1990, S. 137. Komarów, 28.8.1920.

Prolog

1 Catherine Merridale, Lenins Zug. Die Reise in die Revolution, Frankfurt am Main 2017.
2 Eine andere Deutung bei: Robert Gerwarth, The Vanquished. Why the First World War Failed to End, New York 2016.

1. Osteuropa am Ende des Ersten Weltkriegs

1 Włodzimierz Borodziej, Geschichte Polens im 20. Jahrhundert, München 2010, S. 98 f.
2 Babel, Tagebuch 1920, S. 47. Eintrag in Novoselki, 18.7.1920.
3 Maciej Górny, Post-war Societies (East Central Europe), in: Ute Daniel u. a. (Hrsg.), 1914–1918-online. International Encyclopedia of the First World War, Berlin 2014, hier S. 8 f.
4 Borodziej, Geschichte Polens im 20. Jahrhundert, S. 104 f.
5 Umfassend dazu: Wolfram Dornik (Hrsg.), Die Ukraine zwischen Selbstbestimmung und Fremdherrschaft 1917–1922, Graz 2011.
6 Piotr Wróbel, The Revival of Poland and Paramilitary Violence, 1918–1920, in: Rüdiger Bergien/Ralf Pröve (Hrsg.), Spießer, Patrioten, Revolutionäre. Militärische Mobilisierung und gesellschaftliche Ordnung in der Neuzeit, Göttingen 2010, S. 281–303, hier S. 294–296.
7 Timothy Snyder, Reconstruction of Nations. Poland, Ukraine, Lithuania, Belarus, 1569–1999, New Haven 2008, S. 61–63.
8 Archiwum Akt Nowych Warschau (künftig: AAN), 45/7, Bl. 138–140. Appell der Polen aus Litauen an die polnische Regierung, 19.11.1918.
9 Jerzy Borzęcki, The Outbreak of the Polish-Soviet War. A Polish Per-

spective, in: The Journal of Slavic Military Studies 29 (2016), S. 658–680, hier S. 662 f.

10 Das stellten die Polen schon zeitgenössisch fest, etwa Leon Wasilewski im Dezember 1919, AAN, 390/38, Bl. 151. Artikel für «Nasz Kraj». Umfassend dazu Barbara Stoczewska, Litwa, Białoruś, Ukraina w myśli politycznej Leona Wasilewskiego, Kraków 2009, S. 131–174.

11 Norman Davies, White Eagle, Red Star. The Polish-Soviet War, 1919–20, Oxford 1972, S. 22–27.

12 Ebenda, S. 32 f.

13 Borodziej, Geschichte Polens im 20. Jahrhundert, S. 100–103.

14 Klaus Richter, Baltic States and Finland, in: Ute Daniel u. a. (Hrsg.), 1914–1918-online. International Encyclopedia of the First World War, Berlin 2014, hier S. 12 f. und 17.

15 Lech Wyszczelski, Wojsko Polskie w latach 1918–1921, Warszawa 2006, S. 21–27, 68–70.

16 Wróbel, The Revival of Poland and Paramilitary Violence, 1918–1920, S. 292–294. Adam Zamoyski, Warsaw 1920. Lenin's Failed Conquest of Europe, London 2008, S. 14–25.

17 Gespräch Piłsudskis mit «Le Matin», 19.2.1919, in: Kazimierz Świtalski (Hrsg.), Józef Piłsudski. Pisma zbiorowe. Band 5, Warszawa 1937, S. 58 f.

2. Das lange Jahr 1919

1 Croll, Soviet-Polish relations, 1919–1921, S. 27. Borzęcki, The Outbreak of the Polish-Soviet War, S. 658.

2 Zitiert nach: Dorota Sula, Sytuacja ludności na Kresach Wschodnich w czasie wojny polsko-bolszewickiej, in: Marek Białokur u. a. (Hrsg.), Dwie rocznice. Obraz wojny polsko-bolszewickiej i zbrodni katyńskiej w historiografii i edukacji historycznej, Toruń 2010, S. 23–37, hier S. 23 f.

3 Józef Piłsudski Institute of America, New York (künftig: JPIoA), 701/2/15, Bl. 284–286. Tschitscherin an Paderewski, 11.2.1919.

4 Davies, White Eagle, Red Star, S. 39 f.

5 Jerzy Borzęcki, Piłsudski's Unorthodox Capture of Wilno in Spring 1919. Risk-Taking, Good Fortune, and Myth-Making, in: The Journal of Slavic Military Studies 28 (2015), S. 133–155, hier S. 137–141.

6 Ebenda, S. 143–151.

7 JPIoA, 701/2/4, Bl. 74–79. Rydz-Śmigły an Piłsudski, 9.5.1919.

8 AAN, 390/31, Bl. 13. Die Repräsentanten der polnischen Bevölkerung Litauens und Weißrusslands an Clemenceau, Mai 1919.

9 JPIoA, 701/2/15, Bl. 308–312. Komitet Obrony Kresów an Generalstab, 3.4.1919.

10 Andrzej Nowak, Polska i trzy Rosje. Studium polityki wschodniej Józefa Piłsudskiego (do kwietnia 1920 roku), Kraków 2002, S. 418–420.
11 Wyszczelski, Wojsko Polskie w latach 1918–1921, S. 21–27, 68–70.
12 JPIoA, 701/2/15, Bl. 308–312. Komitet Obrony Kresów an Generalstab, 3.4.1919; ebd., 701/2/16, Bl. 104. Werbeabteilung des Komitet Obrony Kresów an Generalstab, 2.4.1919.
13 Juliusz Łukasiewicz (Hrsg.), Historia Polski w liczbach, Warszawa 2014, S. 190.
14 Rostworowski, Listy z wojny polsko-bolszewickiej 1918–1920, S. 116f. Brief an die Ehefrau, 25.8.1919.
15 Borzęcki, Piłsudski's Unorthodox Capture of Wilno in Spring 1919, S. 149.
16 Jerzy Borzęcki, German Anti-Semitism à la Polonaise. A Report on Poznanian Troops' Abuse of Belarusian Jews in 1919, in: East European Politics and Societies and Cultures 24 (2012), S. 693–707, hier S. 696.
17 JPIoA, 701/2/5, Bl. 151–153. Bericht über die 2. litauisch-weißrussische Division der polnischen Armee, 30.8.1919.
18 Rostworowski, Listy z wojny polsko-bolszewickiej 1918–1920, S. 22. Brief an die Ehefrau, 22.4.1919.
19 Ebenda, S. 161. Brief an die Ehefrau, 30.10.1919.
20 Wyszczelski, Wojsko Polskie w latach 1918–1921, S. 108–110.
21 Krzysztof Marek Gaj, Polska broń pancerna w wojnie polsko-rosyjskiej 1919–1920 roku, in: Jeremiasz Ślipiec/Tomasz Kośmider (Hrsg.), Wojna polsko-rosyjska 1919–1920 i jej międzynarodowe odniesienia z perspektywy 90-lecia, Warszawa 2010, S. 276–286, hier S. 277.
22 Włodzimierz Borodziej/Maciej Górny, Der vergessene Weltkrieg. Bd. 2: Nationen, 1917–1923, Darmstadt 2018, S. 143.
23 Gaj, Polska broń pancerna w wojnie polsko-rosyjskiej 1919–1920 roku, S. 282f. Aleksander Smoliński, Pociągi pancerne 1. armii konnej podczas walk na polskim teatrze działań wojennych w 1920 roku, in: Jeremiasz Ślipiec/Tomasz Kośmider (Hrsg.), Wojna polsko-rosyjska 1919–1920 i jej międzynarodowe odniesienia z perspektywy 90-lecia, Warszawa 2010, S. 195–218, hier S. 211.
24 Josef Piłsudski, Erinnerungen und Dokumente, Bd. II: Das Jahr 1920. Mit der Abhandlung des bolschewistischen Generalissimus M. Tuchatschewsky: Der Vormarsch über die Weichsel, Essen 1935, S. 20.
25 Jerzy Borzęcki, The Soviet-Polish peace of 1921 and the creation of interwar Europe, New Haven 2008, S. 32.
26 Eine typische zeitgenössische Deutung bei: Lucjan Żeligowski, Wojna w roku 1920. Wspomnienia i rozważania, Warszawa 1930, S. 6.
27 Rostworowski, Listy z wojny polsko-bolszewickiej 1918–1920, S. 75. Brief an die Ehefrau, 27.6.1919.

28 JPIoA, 701/2/17, Bl. 55 f. Freikorps von Diebitsch an Bürgerrat Suwałki, 24.7.1919.
29 JPIoA, 701/2/7, Bl. 25–42. Listowski an Piłsudski, Januar 1920 (Eingangsstempel: 27.1.1920).
30 Ebenda.
31 Tadeusz Kutrzeba, Wyprawa kijowska, Warszawa 1937, S. 43–47.

3. «Międzymorze» – Zukunftsvorstellungen für ein Polen «zwischen den Meeren»

1 Borzęcki, The Soviet-Polish peace of 1921 and the creation of interwar Europe, S. 48–57.
2 Edgar V. D'Abernon, The Eighteenth Decisive Battle of the World. Warsaw 1920, London 1931, S. 40.
3 Marek Kornat, Die Wiedergeburt Polens als multinationaler Staat in den Konzeptionen von Józef Piłsudski, in: Forum für osteuropäische Ideen- und Zeitgeschichte (2001), H. 1, hier S. 7.
4 JPIoA, 701/2/15, Bl. 105–117. Generalstabsbericht «Bolszewism a sprawa Polska», undatiert [ca. Februar 1920].
5 Robert Service, Lenin. Eine Biographie, München 2002.
6 Nowak, Polska i trzy Rosje, S. 85–87.
7 Piotr Wandycz, Soviet-Polish Relations, 1917–1921, Cambridge, Mass. 1969, S. 110–112.
8 Kristeen Davina Croll, Soviet-Polish relations, 1919–1921, Dissertation, Universität Glasgow 2008, S. 234.
9 Wandycz, Soviet-Polish Relations, 1917–1921, S. 288.
10 Małgorzata Morawiec, Antiliberale Europäisierung? Autoritäre Europakonzeptionen im Polen der Zwischenkriegszeit, in: Zeithistorische Forschungen/Studies in Contemporary History 9 (2012), S. 409–427, hier S. 417 f.; Piotr Okulewicz, Koncepcja «międzymorza» w myśli i praktyce politycznej obozu Józefa Piłsudskiego w latach 1918–1926, Poznań 2001.
11 Paweł Styrna, Defense of Western Civilization or «Polish Imperialism»? Opinions on the Kiev Expedition in the American, British, Belgian, Polish, and Soviet Press. A Sample from April–May 1920, in: The Polish Review 58 (2013), H. 4, S. 3–27, hier S. 18–21.
12 Andreas Kossert, Founding Father of Modern Poland and Nationalistic Antisemite: Roman Dmowski, in: Rebecca Haynes/Martyn Rady (Hrsg.), In the shadow of Hitler. Personalities of the Right in Central and Eastern Europe, London 2014, S. 89–105.
13 Roman Dmowski, Niemcy, Rosya i kwestja polska, Lwów 1908, S. 258–261.

14 Borodziej, Geschichte Polens im 20. Jahrhundert, S. 109.
15 Andrzej Nowak, Pierwsza zdrada Zachodu. 1920 – zapomniany appeasement, Kraków 2015.
16 Benjamin Conrad, Umkämpfte Grenzen, umkämpfte Bevölkerung. Die Entstehung der Staatsgrenzen der Zweiten Polnischen Republik 1918–1923, Stuttgart 2014, S. 198–201.
17 Dmowski, Niemcy, Rosya i kwestja polska, S. 260.
18 Ludwik Wiśniewski, Polska, dom zamknięty, in: Tygodnik Powszechny, 21.5.2017.
19 Dmowski, Niemcy, Rosya i kwestja polska, S. 260.
20 Kornat, Die Wiedergeburt Polens als multinationaler Staat in den Konzeptionen von Józef Piłsudski, S. 5 f.
21 So etwa Rafał Ziemkiewicz, Złowrogi cień marszałka, Lublin 2017.
22 Nowak, Polska i trzy Rosje, S. 279–282.
23 Zdzisław M. Musialik, Wojna polsko-bolszewicka 1919–1920 a Żydzi, Częstochowa 1995, S. 18 f.
24 Morawiec, Antiliberale Europäisierung?, S. 411.
25 Aviel Roshwald, Ethnic nationalism and the fall of empires. Central Europe, Russia, and the Middle East, 1914–1923, London 2001, S. 161.
26 Eine Übersicht über die Debatte bei: Kornat, Die Wiedergeburt Polens als multinationaler Staat in den Konzeptionen von Józef Piłsudski, S. 13.
27 Piotr Łossowski, Konflikt polsko-litewski 1918–1920, Warszawa 1996, S. 224 f.
28 Snyder, Reconstruction of Nations, S. 69.
29 Dies im Gegensatz zu Andrzej Nowak, Wizja polityczna Józefa Piłsudskiego, in: ders., Historia politycznych tradycji. Piłsudski, Putin i inni, Kraków 2007, S. 179–220.
30 Wiktor Tomir Drymmer, Wspomnienia (Cz. II), in: Zeszyty Historyczne 28 (1974), S. 173–218, hier S. 185.
31 So Piłsudski in einem Gespräch: Władysław Baranowski, Rozmowy z Piłsudskim 1916–1931, Warszawa 1938, S. 124.
32 Świtalski (Hrsg.), Józef Piłsudski. Pisma zbiorowe, S. 73 f. Piłsudski an Wasilewski, 8.4.1919.
33 Nowak, Polska i trzy Rosje, S. 595 f.
34 Wandycz, Soviet-Polish Relations, 1917–1921, S. 197–199; Nowak, Polska i trzy Rosje, S. 611–613.
35 JPIoA, 701/2/6 und 701/2/7. Verschiedene Berichte über die Kämpfe um Dünaburg.
36 Leon Wasilewski, Józef Piłsudski jakim go znałem, Warszawa 1935, S. 216. Gespräch Piłsudskis mit Wasilewski, 31.12.1919. Das Piemont, die Gegend um Turin, war die Kernzelle der italienischen Nationalstaatswerdung im 19. Jahrhundert. Von dort ging die zentral gesteuerte Einigung des Landes aus.

37 Borzęcki, The Soviet-Polish peace of 1921 and the creation of interwar Europe, S. 32 f.; Conrad, Umkämpfte Grenzen, umkämpfte Bevölkerung, S. 210 f.
38 AAN, 390/38, Bl. 151. Essay von Leon Wasilewski, Dezember 1919.

4. Die Ukraine: Aufgerieben zwischen Polen und Russland

1 Conrad, Umkämpfte Grenzen, umkämpfte Bevölkerung, S. 209.
2 Bogdan Musial, Die Ukrainepolitik des bolschewikischen Russlands, 1917–22, in: Wolfram Dornik (Hrsg.), Die Ukraine zwischen Selbstbestimmung und Fremdherrschaft 1917–1922, –Graz 2011, S. 367–389.
3 Dmytro Donzow, Die ukrainische Staatsidee und der Krieg gegen Rußland, Berlin 1915, S. 63.
4 Maciej Górny, War between Allies. Polish and Ukranian Intellectuals 1914–1923, in: Joachim Bürgschwentner u. a. (Hrsg.), Other Fronts, Other Wars? First World War Studies on the Eve of the Centennial, Leiden 2014, S. 415–434, hier S. 418–421.
5 Andreas Kappeler, Geschichte der Ukraine, Bonn 2015, S. 116. Zum Nationsbildungsprozess in der Ukraine S. 114–124.
6 Ebenda, S. 210 f.
7 Henry Abramson, A prayer for the government. Ukrainians and Jews in revolutionary times, 1917–1920, Cambridge, Mass. 1999, S. 9 f.
8 Georgiy Kasianov, Die Ukraine zwischen Revolution, Selbständigkeit und Fremdherrschaft, in: Wolfram Dornik (Hrsg.), Die Ukraine zwischen Selbstbestimmung und Fremdherrschaft 1917–1922, Graz 2011, S. 131–179, hier S. 152–155.
9 Ebenda, S. 165 f.
10 Felix Schnell, Räume des Schreckens. Gewalträume und Gruppenmilitanz in der Ukraine, 1905–1933, Hamburg 2012.
11 Kappeler, Geschichte der Ukraine, S. 121–123 und 136–139.
12 Kazimierz Badziak, W oczekiwaniu na przełom. Na drodze od odrodzenia do załamania państwa polskiego: listopad 1918 – czerwiec 1920, Łódź 2004, S. 483.
13 Serhy Yekelchyk, Bands of Nation Builders? Insurgency and Ideology in the Ukrainian Civil War, in: Robert Gerwarth/John Horne (Hrsg.), War in Peace. Paramilitary Violence in Europe after the Great War, Oxford 2012, S. 107–125, hier S. 118 f.
14 Caroline Milow, Die ukrainische Frage 1917–1923 im Spannungsfeld der europäischen Diplomatie, Wiesbaden 2002, S. 440–445.
15 Hannes Leidinger, Die Ukrainepolitik Frankreichs 1917–1924, in:

Wolfram Dornik (Hrsg.), Die Ukraine zwischen Selbstbestimmung und Fremdherrschaft 1917–1922, Graz 2011, S. 391–412, hier S. 396–399.
16 Zitiert nach: Margaret MacMillan, Die Friedensmacher. Wie der Versailler Vertrag die Welt veränderte, Bonn 2015, S. 307f. Siehe auch: Leidinger, Die Ukrainepolitik Frankreichs 1917–1924, S. 402.
17 Leidinger, Die Ukrainepolitik Frankreichs 1917–1924, S. 403.
18 Wolfram Dornik, Die Ukrainepolitik des Vereinigten Königreiches von Großbritannien und Irland 1914–1920, in: ders. (Hrsg.), Die Ukraine zwischen Selbstbestimmung und Fremdherrschaft 1917–1922, Graz 2011, S. 413–430, hier S. 426f.
19 Adrian Carton de Wiart, Happy odyssey. The memoirs of Lieutenant-General Sir Adrian Carton de Wiart, London 1950, S. 112.
20 AAN, 106/2, Bl. 13. Piłsudski an Kazimierz Dłuski, 17.1.1919.
21 Zitiert nach: Roshwald, Ethnic nationalism and the fall of empires, S. 163.
22 Stefan Zabrowarny, Symon Petljura – niezłomny orędownik niepodległości Ukrainy, in: Zbigniew Karpus u. a. (Hrsg.), Polska i Ukraina. Sojusz 1920 roku i jego następstwa, Toruń 1997, S. 131–150.
23 Torsten Wehrhahn, Die Westukrainische Volksrepublik. Zu den polnisch-ukrainischen Beziehungen und dem Problem der ukrainischen Staatlichkeit in den Jahren 1918 bis 1923, Berlin 2004.
24 Bogdan Musial, Die Ukrainepolitik Polens von 1918–1922, in: Wolfram Dornik (Hrsg.), Die Ukraine zwischen Selbstbestimmung und Fremdherrschaft 1917–1922, Graz 2011, S. 449–463, hier S. 455–460.
25 Kappeler, Geschichte der Ukraine, S. 175.
26 Musial, Die Ukrainepolitik des bolschewikischen Russlands, 1917–22, S. 367–378.
27 Schnell, Räume des Schreckens, S. 183.
28 Piotr Wandycz, Nieznane listy Petlury do Piłsudskiego, in: Zeszyty Historyczne 8 (1965), S. 181–186, hier S. 182f.
29 Nowak, Polska i trzy Rosje, S. 378–397.
30 Wehrhahn, Die Westukrainische Volksrepublik, S. 232–243.
31 Ebenda, S. 244–247.
32 Musial, Die Ukrainepolitik des bolschewikischen Russlands, 1917–22, S. 379–384.
33 Ebenda, S. 455–460.
34 Franciszek Kotowicz, Zagadnienia ukraińskie, in: Gazeta Warszawska 49, 19.2.1920, S. 5.
35 JPIoA, 701/2/58, Bl. 224–230. Rozwadowski an Generalstab, 8.2.1920.
36 Rudolf A. Mark, Symon Petljura und die UNR, Wiesbaden 1988, S. 148–153.
37 Isak Mazepa, Ukraïna v ohni j buri revoljuciï. Bd. 3: Pol's'ko-ukraïns'ka sojuz kinec' zbrojnych zmagan U. N. R., München 1951, S. 20.
38 Mark, Symon Petljura und die UNR, S. 206f.

39 Conrad, Umkämpfte Grenzen, umkämpfte Bevölkerung, S. 218–220.
40 Wehrhahn, Die Westukrainische Volksrepublik, S. 253 f.
41 Croll, Soviet-Polish relations, 1919–1921, S. 114.
42 Wandycz, Soviet-Polish Relations, 1917–1921, S. 177 f.
43 Badziak, W oczekiwaniu na przełom, S. 482.
44 Włodzimierz Suleja, Piłsudski a Petljura, in: Zbigniew Karpus u. a. (Hrsg.), Polska i Ukraina. Sojusz 1920 roku i jego następstwa, Toruń 1997, S. 113–129.
45 JPIoA, 701/2/23, Bl. 230–254. Polnisch-Ukrainisches Abkommen vom 21.4.1920 sowie Militärkonvention vom 24.4.1920.
46 Josef Piłsudski, Erinnerungen und Dokumente, Bd. IV: Reden und Armeebefehle, Essen 1936, S. 60. Aufruf vom 26.4.1920.

5. Expedition nach Kiew

1 JPIoA, 701/2/9, Bl. 87–106. Allgemeiner Bericht über die Offensive in der Ukraine, 31.7.1920.
2 JPIoA, 701/2/7, Bl. 25–42. Listowski an Piłsudski, Januar 1920 (Eingangsstempel: 27.1.1920).
3 Wasilewski, Józef Piłsudski jakim go znałem, S. 220 f.
4 JPIoA, 701/2/91, Bl. 3. Statistik über die polnischen Soldaten zum 1.4. 1920, vom 28.4.1920, Ostfront (Armeen 1–7).
5 Tuchatschewski, Der Vormarsch über die Weichsel, in: Piłsudski, Erinnerungen und Dokumente, Bd. II, S. 269.
6 Davies, White Eagle, Red Star, S. 109.
7 JPIoA, 701/2/8, Bl. 154–159. Sosnkowski an Piłsudski, 3.5.1920.
8 Milow, Die ukrainische Frage 1917–1923 im Spannungsfeld der europäischen Diplomatie, S. 273.
9 Ebenda, S. 272 f.
10 Kutrzeba, Wyprawa kijowska, S. 56, Erlass Piłsudskis vom 8.5.1920 (Nr. 4304/III).
11 Petljura's Confidence, The Times, 7.5.1920.
12 Interview Piłsudskis mit der Daily News, 16.5.1920, zitiert nach: Świtalski (Hrsg.), Józef Piłsudski. Pisma zbiorowe, S. 157 f.
13 Borodziej/Górny, Der vergessene Weltkrieg, S. 114 f. und 119 f.
14 Badziak, W oczekiwaniu na przełom, S. 475 f.
15 Drymmer, Wspomnienia (Cz. II), S. 196.
16 Croll, Soviet-Polish relations, 1919–1921, S. 19.
17 Robert Service, Spies and commissars. Bolshevik Russia and the West, London 2011, S. 292.
18 Wyszczelski, Wojsko Polskie w latach 1918–1921, S. 494 f.

19 Zamoyski, Warsaw 1920, S. 28 f.
20 Leo Trotzki, Mein Leben. Versuch einer Autobiographie, Frankfurt 1961, S. 419.
21 Jan Borkowski (Hrsg.), Rok 1920. Wojna polsko – radziecka we wspomnieniach i innych dokumentach, Warszawa 1990, S. 174–179.
22 Zamoyski, Warsaw 1920, S. 45.
23 Carton de Wiart, Happy odyssey, S. 96.

6. Die Rote Armee marschiert nach Warschau

1 Tuchatschewski, Der Vormarsch über die Weichsel, in: Piłsudski, Erinnerungen und Dokumente, Bd. II, S. 263–268.
2 Piłsudski, Erinnerungen und Dokumente, Bd. II, S. 102 f., 105 f.
3 Davies, White Eagle, Red Star, S. 144.
4 Piłsudski, Erinnerungen und Dokumente, Bd. II, S. 95–101.
5 Wyszczelski, Wojsko Polskie w latach 1918–1921, S. 96–99.
6 Isaak Babel, Die Reiterarmee, Berlin 1994, S. 14 f, In Berestecko, 8.8.1920.
7 Babel, Tagebuch 1920, S. 73, Chotin, 28.7.1920.
8 Piłsudski, Erinnerungen und Dokumente, Bd. II, S. 22.
9 AAN, 2632/1. Brief an den Onkel, Juli 1920.
10 Borkowski (Hrsg.), Rok 1920, S. 174–179, Brief aus Stobychwa, 31.7.1920.
11 JPIoA, 701/2/10, Bl. 31–40. Bericht des Hauptmanns Hałaciński über die 4. Armee, 30.7.1920.
12 Zitiert nach: Davies, White Eagle, Red Star, S. 142 f.
13 Piłsudski, Erinnerungen und Dokumente, Bd. II, S. 54–56.
14 Michał Wąsowicz, Obrona Grodna (19 czerwca 1920 roku), in: Przegląd kawalerii i broni pancernej (1970), H. 59, S. 181–187.
15 Piłsudski, Erinnerungen und Dokumente, Bd. II, S. 80–83.
16 Grzegorz Nowik, Zanim złamano Enigmę. Polski radiowywiad podczas wojny z bolszewicką Rosją 1918–1920, Warszawa 2004, Bd. I, S. 360–410.
17 Piłsudski, Erinnerungen und Dokumente, Bd. II, S. 19.
18 Borodziej/Górny, Der vergessene Weltkrieg, S. 129.
19 Drymmer, Wspomnienia (Cz. II), S. 201.
20 Tuchatschewski, Der Vormarsch über die Weichsel, in: Piłsudski, Erinnerungen und Dokumente, Bd. II., S. 289.
21 Piłsudski, Erinnerungen und Dokumente, Bd. II, S. 144.
22 Babel, Tagebuch 1920, S. 87, Brody, 3.8.1920.
23 Mark, Symon Petljura und die UNR, S. 174.
24 Tuchatschewski, Der Vormarsch über die Weichsel, in: Piłsudski, Erinnerungen und Dokumente, Bd. II, S. 310.

25 Robert Service, Trotsky. A Biography, London 2009, S. 272.
26 Ders., Stalin. A Biography, London 2005, S. 177.
27 Service, Lenin, S. 525–527.
28 Ian Johnson, The Fire of Revolution. A Counterfactual Analysis of the Polish-Bolshevik War, 1919–1920, in: The Journal of Slavic Military Studies 28 (2015), S. 156–185, hier S. 172 f.
29 Thomas C. Fiddick, Russia's retreat from Poland, 1920. From permanent revolution to peaceful coexistence, Basingstoke, Hampshire 1990, S. 282.
30 Babel, Tagebuch 1920, S. 101 f., Berestecko, 8.8.1920.
31 Orlando Figes, Russland. Die Tragödie eines Volkes. Die Epoche der russischen Revolution 1891 bis 1924, Berlin 2014, S. 742 f.
32 Croll, Soviet-Polish relations, 1919–1921, S. 136–138.
33 Wehrhahn, Die Westukrainische Volksrepublik, S. 263.
34 Babel, Tagebuch 1920, S. 46, Novoselki, 18.7.1920.
35 Ebenda, S. 54 f., Pelca-Boratin, 21.7.1920.

7. Zwischen allen Fronten: Juden und andere Zivilisten

1 Babel, Die Reiterarmee, S. 159.
2 JPIoA, 701/2/20, Bl. 476–478. Dowództwo Okręgu Etapowego Wołkowysk (Prokopowicz) an Generalstab, 2.11.1919. Ganz ähnlich die Situation in Wolhynien: ebenda, Bl. 366–370. Związek Demokracji Polskiej na Rusi, Memorandum über die Situation in Wolhynien, 22.10.1919.
3 Stanisław Pinkowski, Wojna 1919, in: Karta 32 (2001), S. 16–18.
4 Borodziej/Górny, Der vergessene Weltkrieg, S. 138.
5 Zitiert nach: Werner Benecke, Die Ostgebiete der Zweiten Polnischen Republik. Staatsmacht und öffentliche Ordnung in einer Minderheitenregion 1918–1939, Köln u. a. 1999, S. 26–35.
6 Wehrhahn, Die Westukrainische Volksrepublik, S. 259.
7 Babel, Tagebuch 1920, S. 74, Leszniów, 29.7.1920.
8 Ebenda, S. 43, Novoselki, 16.7.1920.
9 Jochen Böhler, Enduring Violence. The Post-War Struggles in East-Central Europe 1917–1921, in: Journal of Contemporary History 50 (2015), H. 1, S. 58–77.
10 Vgl. für das besetzte Polen: Stephan Lehnstaedt, Imperiale Polenpolitik in den Weltkriegen. Eine vergleichende Studie zu den Mittelmächten und zu NS-Deutschland, Osnabrück 2017.
11 Dmowski, Niemcy, Rosya i kwestja polska, S. 178.

12 Grzegorz Krzywiec, Polska bez Żydów. Studia z dziejów idei, wyobrażeń i praktyk antysemickich na ziemiach polskich początku XX wieku (1905–1914), Warszawa 2017.

13 Alexander Victor Prusin, The «Stimulu Qualities» of a Scapegoat. The Etiology of Anti-Jewish Violence in Eastern Poland, 1918–1920, in: Jahrbuch des Simon-Dubnow-Instituts 4 (2005), S. 237–256, hier S. 248–250.

14 Stephanie Zloch, Nationsbildung und Feinderklärung. ‹Jüdischer Bolschewismus› und der polnisch-sowjetische Krieg 1919/1920, in: Jahrbuch des Simon-Dubnow-Instituts 4 (2005), S. 279–302, hier S. 288 f.

15 Oleg V. Budnitskii, Russian Jews Between the Reds and the Whites, 1917–1920, Philadelphia 2012, S. 227. Bei den restlichen Pogromen konnten die Täter, jenseits der auch beteiligten Polen und Westukrainer, nicht immer eindeutig identifiziert werden.

16 Antony Polonsky, The Jews in Poland and Russia. Bd. III: 1914 to 2008, Oxford 2012, S. 35–43. Die anderen Pogrome begingen unabhängige Gruppen, Banditen, lokale Dorfbevölkerung, polnische oder westukrainische Einheiten.

17 Piotr Wróbel, Foreshadowing the Holocaust. The Wars of 1914–1921 and Anti-Jewish Violence in Central and Eastern Europe, in: Jochen Böhler u. a. (Hrsg.), Legacies of Violence. Eastern Europe's First World War, München 2014, S. 169–208, hier S. 199.

18 Paul A. Hanebrink, A specter haunting Europe. The myth of Judeo-Bolshevism, Cambridge 2018, S. 52–62 und 78–82.

19 Budnitskii, Russian Jews Between the Reds and the Whites, 1917–1920, S. 229–233.

20 Alexander Victor Prusin, Nationalizing a Borderland. War, Ethnicity, and Anti-Jewish Violence in East Galicia, 1914–1920, Tuscaloosa 2005, S. 115.

21 Budnitskii, Russian Jews Between the Reds and the Whites, 1917–1920, S. 399 f.

22 JPIoA, 701/2/15, Bl. 105–117. Generalstabsbericht «Bolszewism a sprawa Polska», undatiert [ca. Februar 1920].

23 Umfassend dazu: William W. Hagen, Anti-Jewish violence in Poland, 1914–1920, Cambridge 2018.

24 Polonsky, The Jews in Poland and Russia, S. 45; Jerzy Tomaszewski, Pinsk. Saturday 5 April 1919, in: Polin. Studies in Polish Jewry 1 (1986), S. 227–251.

25 David Engel, What is a Pogrom? European Jews in the Age of Violence, in: Jonathan L. Dekel-Chen (Hrsg.), Anti-Jewish violence. Rethinking the pogrom in East European history, Bloomington 2011, S. 19–40, hier S. 33.

26 Wasilewski, Józef Piłsudski jakim go znałem, S. 182.

27 Polonsky, The Jews in Poland and Russia, S. 51–54.
28 Eva Reder, Praktiken der Gewalt. Die Rolle des polnischen Militärs bei Pogromen während des Polnisch-Sowjetischen Krieges 1919–1920, in: Czasy Nowożytne 27 (2014), S. 157–184, hier S. 172.
29 Babel, Tagebuch 1920, S. 97, Berestecko, 7.8.1920.
30 Frank Golczewski, Polnisch-jüdische Beziehungen 1881–1922. Eine Studie zur Geschichte des Antisemitismus in Osteuropa, Wiesbaden 1981, S. 231.
31 Łukasz Lewicki, Przestępczość w Wojsku Polskim podczas wojny polsko-bolszewickiej (2015). http://www.konflikty.pl/historia/1918-1939/przestepczosc-w-wojsku-polskim-podczas-wojny-polsko-bolszewickiej/ (zuletzt gesehen am 27.6.2018).
32 Karsten Brüggemann, Die Gründung der Republik Estland und das Ende des «Einen und unteilbaren Rußland». Die Petrograder Front des Russischen Bürgerkriegs 1918–1920, Wiesbaden 2002, S. 234–236.
33 JPIoA, 701/2/29, Bl. 172–182. 3. Armee an Adjutantur Belweder, 24.10.1920.
34 Hagen bewertet die Massaker als «genocidal murder». Hagen, Anti-Jewish violence in Poland, 1914–1920, S. 497.
35 Piotr Wróbel, The Kaddish Years. Anti-Jewish Violence in East Central Europe, 1918–1921, in: Jahrbuch des Simon-Dubnow-Instituts 4 (2005), S. 211–236, hier S. 222.
36 Hagen, Anti-Jewish violence in Poland, 1914–1920, S. 512.
37 Prusin, The «Stimulu Qualities» of a Scapegoat, S. 238 f.
38 Reder, Praktiken der Gewalt, S. 176.
39 Zitiert nach: Reder, Praktiken der Gewalt, S. 157. «Majufes» ist ein jüdischer satierischer Gesang aus Polen, der auf religiösen Melodien beruht und häufig für Nichtjuden gesungen wird.
40 Budnitskii, Russian Jews Between the Reds and the Whites, 1917–1920, S. 401.
41 Polonsky, The Jews in Poland and Russia, S. 51–54.
42 Rostworowski, Listy z wojny polsko-bolszewickiej 1918–1920, S. 27: Brief an die Ehefrau, 26.4.1919, und S. 156: Brief an die Ehefrau, 25.10.1919.
43 JPIoA, 701/2/4, Bl. 244. Piłsudski an Adjutantur, 18.6.1919.
44 Jochen Böhler, Civil War in Central Europe, 1918–1921. The Reconstruction of Poland, Oxford 2018, S. 179.
45 Prusin, Nationalizing a Borderland, S. 96 f.
46 Andrzej Kapiszewski, Controversial reports on the situation of Jews in Poland in the aftermath of World War I. The conflict between the US ambassador in Warsaw Hugh Gibson and American Jewish leaders, in: Studia Judaica 7 (2004), S. 257–304, hier S. 276. Gibsons Berichte sind überliefert in: Vivian Hux Reed u. a. (Hrsg.), An American in Warsaw.

Selected writings of Hugh S. Gibson, US Minister to Poland 1919–1924, Rochester 2018.

47 Henry Morgenthau Sr., Fixes Blame for Polish Pogroms, in: New York Times, 19.1.1920, S. 6. Zur Einordnung: Golczewski, Polnisch-jüdische Beziehungen 1881–1922, S. 292 f.

48 Polonsky, The Jews in Poland and Russia, S. 52 f.

49 Golczewski, Polnisch-jüdische Beziehungen 1881–1922, S. 240–242; Hagen, Anti-Jewish violence in Poland, 1914–1920, S. 379–386. Vgl. ferner Christhardt Henschel, Jabłonna als Erinnerungsikone. Juden in den polnischen Streitkräften 1918–1939, in: Jahrbuch des Simon-Dubnow-Instituts 9 (2010), S. 545–571.

50 Wróbel, The Kaddish Years, S. 219.

8. Die Schlacht um Warschau

1 Karol Jonca (Hrsg.), Wojna polsko-sowiecka 1920 roku w dokumentach niemieckiej dyplomacji, Wrocław 2002, S. 301–303, Deutsche Gesandtschaft Warschau (Herbert von Dirksen) an Auswärtiges Amt, 6.8.1920 («Im Zuge Warschau-Posen»).

2 Piłsudski, Erinnerungen und Dokumente, Bd. II, S. 173.

3 Andrzej Nowak, Pierwsza zdrada Zachodu. 1920 – zapomniany appeasement, Kraków 2015, S. 8–10.

4 Conrad, Umkämpfte Grenzen, umkämpfte Bevölkerung, S. 231 f.

5 Borzęcki, The Soviet-Polish peace of 1921 and the creation of interwar Europe, S. 96–104.

6 Zu den Frauenabteilungen: Borodziej/Górny, Der vergessene Weltkrieg, S. 152 f.

7 Tuchatschewski, Der Vormarsch über die Weichsel, in: Piłsudski, Erinnerungen und Dokumente, Bd. II, S. 293 f.

8 Exemplarisch: JPIoA, 701/3/1, Bl. 43 f. Henrys an Rozwadowski, 28.7.1920.

9 Davies, White Eagle, Red Star, S. 198.

10 JPIoA, 701/2/10, Bl. 196–203. Bericht für Piłsudski über die Rekrutierung in die Arbeiterbataillone, eingegangen am 2.9.1920.

11 Morawiec, Antiliberale Europäisierung?, S. 420.

12 Nowik, Zanim złamano Enigmę, Bd. II, S. 433 f.

13 Żeligowski, Wojna w roku 1920, S. 109.

14 Zamoyski, Warsaw 1920, S. 92–95.

15 Jerzy Borzęcki, Battle of Warsaw, 1920. Was Radio Intelligence the Key to Polish Victory over the Red Army?, in: The Journal of Military History 81 (2017), S. 447–468, hier S. 467 f.

16 Tuchatschewski, Der Vormarsch über die Weichsel, in: Piłsudski, Erinnerungen und Dokumente, Bd. II, S. 312.
17 Piłsudski, Erinnerungen und Dokumente, Bd. II, S. 156f.
18 Tuchatschewski, Der Vormarsch über die Weichsel, in: Piłsudski, Erinnerungen und Dokumente, Bd. II, S. 308 f.

9. Helden und Versager: Der Piłsudski-Mythos und die Schuldzuweisungen in der Sowjetunion

1 Zamoyski, Warsaw 1920, S. 111 f.
2 Ebenda, S. 112–115.
3 Service, Lenin, S. 527f. und 540f.
4 Vladimir I. Lenin, Werke, Bd. 32. Dezember 1920–August 1921, Berlin 1988, S. 171. Bericht über die politische Tätigkeit des ZK der KPR (B), 8.3.1921.
5 Service, Trotsky, S. 275 f.
6 Service, Lenin, S. 541.
7 Trotzki, Mein Leben, S. 420.
8 Davies, White Eagle, Red Star, S. 221–225.
9 Heidi Hein, Der Piłsudski-Kult und seine Bedeutung für den polnischen Staat 1926–1939, Marburg 2002, S. 270.
10 Hierzu und dem Folgenden: Janusz Szczepański, Kontrowersje wokół Bitwy Warszawskiej 1920 roku, in: Mówią Wieki (2008), H. 8, S. 30–38. Die prosaische Erklärung für die Wahrnehmung der Soldaten ist vermutlich eine Kombination aus Sonnenuntergang und Artilleriefeuer, was die Wolken färbte.
11 Ebenda.
12 Hein, Der Piłsudski-Kult und seine Bedeutung für den polnischen Staat 1926–1939, S. 270.
13 Ebenda, S. 52.
14 Beispielsweise: Władysław Sikorski, Nad Wisłą i Wkrą. Studjum z polsko-rosyjskiej wojny 1920 roku, Lwów 1928; Żeligowski, Wojna w roku 1920; Józef Dowbor-Muśnicki, Moje wspomnienia, Poznań 1936; Jan Romer, Pamiętniki, Lwów 1938; siehe auch die Bücher in der folgenden Anmerkung.
15 Piłsudski, Erinnerungen und Dokumente, Bd. II, S. 39f., 118–125, 135–138. Stanisław Szeptycki, Front Litewsko-Białoruski. 10 marca 1919–30 lipca 1920, Kraków 1925.

10. Die Flucht der Roten Armee und die letzten Kämpfe um ein polnisches Imperium

1 Babel, Tagebuch 1920, S. 121f., In Ostgalizien, 18.8.1920. Berichte über das «Niedermachen von Gefangenen» finden sich mehrfach in dem Buch.
2 Zum militärischen Geschehen: Zamoyski, Warsaw 1920, S. 114–123.
3 Babel, Tagebuch 1920, S. 156, Kivercy, 12.9.1920.
4 AAN, 2632/1. Dymecki an seinen Onkel, 16.8.1920.
5 Davies, White Eagle, Red Star, S. 221–225.
6 Borzęcki, The Soviet-Polish peace of 1921 and the creation of interwar Europe, S. 105–110.
7 AAN, 322/211, Bl. 8. Polnische Militärmission in Kaunas an Rozwadowski, 1.9.1920.
8 Conrad, Umkämpfte Grenzen, umkämpfte Bevölkerung, S. 262–265.
9 Davies, White Eagle, Red Star, S. 236f.
10 JPIoA, 701/1/33, Bl. 15–19. Wasilewski an Piłsudski, 25.8.1920.
11 AAN, 45/8, Bl. 171f. Deklaration der litauischen Delegation in Warschau, 20.12.1920; Bl. 177f.: polnische Antwort darauf, 22.12.1920.
12 AAN, 322/6102, Bl. 66. Britischer Botschafter Warschau an Außenministerium Warschau, 2.11.1920.
13 Hierzu und dem Folgenden: Conrad, Umkämpfte Grenzen, umkämpfte Bevölkerung, S. 268–274.
14 Borzęcki, The Soviet-Polish peace of 1921 and the creation of interwar Europe, S. 157.
15 Service, Spies and commissars, S. 291.
16 Borkowski (Hrsg.), Rok 1920, S. 174–179, Józef Jaklicz an seine Frau, 8.8.1920.
17 JPIoA, 701/3/2, Bl. 298–304. Berichte für den Generalstab, 24.11.1920 und 1.12.1920.
18 Borzęcki, The Soviet-Polish peace of 1921 and the creation of interwar Europe, S. 157.

11. Der Friedensvertrag von Riga

1 Piłsudski, Erinnerungen und Dokumente, Bd IV, S. 64, Armeebefehl zur Beendigung des Krieges, 18.10.1920.
2 Zamoyski, Warsaw 1920, S. 110.
3 Wyszczelski, Wojsko Polskie w latach 1918–1921, S. 96–99.

4 Siehe hierzu die Überlegungen bei Böhler, Civil War in Central Europe, S. 188 f.
5 Lech Wyszczelski, Jeńcy wojny polsko-rosyjskiej. 1919–1920, Warszawa 2014, S. 217–220.
6 Zbigniew Karpus, Russian and Ukrainian prisoners of war and internees kept in Poland in 1918–1924, Toruń 2001, S. 108 f.
7 JPIoA, 701/2/7, Bl. 9–17. Sosnkowski an Piłsudski, 30.12.1919.
8 Karpus, Russian and Ukrainian prisoners of war and internees kept in Poland in 1918–1924, S. 114 f.
9 Wyszczelski, Jeńcy wojny polsko-rosyjskiej, S. 505–512.
10 Alexei Miller, The Role of the First World War in the Competition between Ukrainian and All-Russian Nationalism, in: Eric Lohr u. a. (Hrsg.), The empire and nationalism at war, Bloomington 2014, S. 73–90, hier S. 89.
11 Zbigniew Karpus/Waldemar Rezmer, Powstanie słuckie 1920 r. w świetle polskich materiałów wojskowych, in: Białoruskie Zeszyty Historyczne 1 (1996), H. 5, S. 75–81.
12 Wandycz, Soviet-Polish Relations, 1917–1921, S. 270 und 286.
13 Borzęcki, The Soviet-Polish peace of 1921 and the creation of interwar Europe, S. 121–129 und 152–154.
14 Nowak, Pierwsza zdrada Zachodu, S. 478–482.
15 Kornat, Die Wiedergeburt Polens als multinationaler Staat in den Konzeptionen von Józef Piłsudski, S. 6 und 11.
16 Zitiert nach: Morawiec, Antiliberale Europäisierung?, S. 421 f.
17 Gerhard Wagner, Deutschland und der polnisch-sowjetische Krieg 1920, Wiesbaden 1979, S. 25.
18 Wandycz, Soviet-Polish Relations, 1917–1921, S. 270 und 286.
19 Wagner, Deutschland und der polnisch-sowjetische Krieg 1920, S. 266; Piotr Szlanta, Bolszewicy, politycznie użyteczni, in: Polityka (2016), H. 33, S. 58–60.
20 Kornat, Die Wiedergeburt Polens als multinationaler Staat in den Konzeptionen von Józef Piłsudski, S. 11 f.
21 Borzęcki, The Soviet-Polish peace of 1921 and the creation of interwar Europe, S. 247–249.
22 Die zu 100 Prozent fehlenden Zahlen betrafen Juden und Deutsche.
23 Ebenda, S. 244 f.
24 Borodziej, Geschichte Polens im 20. Jahrhundert, S. 104 f.
25 Benecke, Die Ostgebiete der Zweiten Polnischen Republik, S. 142–145.
26 Piłsudski, Erinnerungen und Dokumente, Bd. IV, S. 65, Armeebefehl zur Beendigung des Krieges, 18.10.1920.
27 Benecke, Die Ostgebiete der Zweiten Polnischen Republik, S. 82 f.
28 Ebenda, S. 142–145.

12. Bewunderer und Revisionisten – Das Erbe des Krieges

1 Johnson, The Fire of Revolution, S. 178–180.
2 Fiddick, Russia's retreat from Poland, 1920, S. 272.
3 Service, Stalin, S. 179 f.
4 Manfred Hildermeier, Geschichte der Sowjetunion 1917–1991. Entstehung und Niedergang des ersten sozialistischen Staates, München 1998, S. 732 f.
5 Simon Sebag Montefiore, Stalin. Am Hof des roten Zaren, Frankfurt am Main 2005, S. 73.
6 Ebenda, S. 254–258.
7 Zamoyski, Warsaw 1920, S. 132.
8 Sally W. Stoecker, Forging Stalin's army. Marshal Tukhachevsky and the politics of military innovation, Boulder, Colo. 1998, S. 11.
9 Tuchatschewski, Der Vormarsch über die Weichsel, in: Piłsudski, Erinnerungen und Dokumente, Bd. II, S. 286 f.
10 Montefiore, Stalin, S. 254–258.
11 Wagner, Deutschland und der polnisch-sowjetische Krieg 1920, S. 19.
12 Stoecker, Forging Stalin's army, S. 18 f.
13 Ebenda, S. 138 und 154 f.
14 Davies, White Eagle, Red Star, S. 264–278.
15 Zamoyski, Warsaw 1920, S. 132 f.
16 Davies, White Eagle, Red Star, S. 39 f.
17 Piłsudski, Erinnerungen und Dokumente, Bd. II, S. XIV–XVI.
18 Davies, White Eagle, Red Star, S. 39 f.
19 Kurt Agricola, Der rote Marschall. Tuchatschewskis Aufstieg und Fall, Berlin 1939, S. 66–72.
20 Piłsudski, Erinnerungen und Dokumente, Bd. II, S. XIV–XVI.
21 Hein, Der Piłsudski-Kult und seine Bedeutung für den polnischen Staat 1926–1939, S. 361.
22 Borodziej, Geschichte Polens im 20. Jahrhundert, S. 125.
23 Roshwald, Ethnic nationalism and the fall of empires, S. 164.
24 Hein, Der Piłsudski-Kult und seine Bedeutung für den polnischen Staat 1926–1939, S. 368.
25 Yekelchyk, Bands of Nation Builders?, S. 125.
26 David Engel, Schwarzbard-Prozess, in: Dan Diner (Hrsg.), Enzyklopädie jüdischer Geschichte und Kultur, Bd. 5, Stuttgart 2015, S. 395–400.
27 Robert Potocki, Idea restytucji Ukraińskiej Republiki Ludowej (1920–1939), Lublin 1999, S. 313–332.
28 Wandycz, Soviet-Polish Relations, 1917–1921, S. 287.

29 Conrad, Umkämpfte Grenzen, umkämpfte Bevölkerung, S. 274.
30 Adam Zamoyski, Paderewski, London 1982, S. 214.
31 Davies, White Eagle, Red Star, S. 240f.
32 Thomas W. Zeiler, Poland in the American Mass Media, October 1938–October 1939, in: Marek Piotr Deszczyński/Tymoteusz Pawłowski (Hrsg.), Kampania polska 1939r. Polityka – społeczeństwo – kultura, Bd. 2, Warszawa 2014, S. 465–475.
33 Prusin, Nationalizing a Borderland, S. 116f.
34 Budnitskii, Russian Jews Between the Reds and the Whites, 1917–1920, S. 284f.
35 Prusin, Nationalizing a Borderland, S. 112f.

13. Der Polnisch-Sowjetische Krieg heute

1 Hein, Der Piłsudski-Kult und seine Bedeutung für den polnischen Staat 1926–1939, S. 364; Florian Peters, Revolution der Erinnerung. Der Zweite Weltkrieg in der Geschichtskultur des spätsozialistischen Polen, Berlin 2016, S. 41 und 99.
2 Hein, Der Piłsudski-Kult und seine Bedeutung für den polnischen Staat 1926–1939, S. 365f.
3 Ulrich M. Schmid, «Der einzig authentische polnische Sieg», in: Neue Zürcher Zeitung, 16.4.2012.
4 Piotr Zychowicz, Pakt Piłsudski-Lenin. Czyli jak Polacy uratowali bolszewizm i zmarnowali szansę na budowę imperium, Poznań 2015.
5 Rafał Ziemkiewicz, Złowrogi cień marszałka, Lublin 2017.
6 Klaus Bachmann, Viel Feind, viel Ehr. Geschichtspolitik und Außenpolitik in Polen, in: Osteuropa 68 (2018), H. 3–5, S. 413–434.
7 Wyszczelski, Jeńcy wojny polsko-rosyjskiej, S. 487–505.
8 Nowak, Pierwsza zdrada Zachodu.
9 Adam Balcer, Fragwürdige Traditionsbestände. Die PiS, die Kresy und der Ethnonationalismus, in: Osteuropa 68 (2018), H. 3–5, S. 495–519.

Archivalien

Archiwum Akt Nowych, Warschau (AAN)
Bestand 45 – Sammlung von Dokumenten zum polnischen Verhältnis zu Lettland, Litauen, Sowjetrussland, und der Ukraine
Bestand 106 – Akten von Józef und Aleksandra Piłsudski
Bestand 322 – Polnisches Außenministerium
Bestand 390 – Akten von Leon Wasilewski
Bestand 2632 – Sammlung Lech Dymecki

Józef Piłsudski Institute of America, New York (JPIoA)
Bestand 701/1 – Archiv Józef Piłsudski
Bestand 701/2 – Generaladjutantur des Oberbefehlshabers
Bestand 701/3 – Akten des Generalstabschefs Tadeusz Rozwadowski

Literaturverzeichnis

Hirsz Abramowicz (Hrsg.), Profiles of a lost world. Memoirs of East European Jewish life before World War II, Detroit 1999.

Henry Abramson, A prayer for the government. Ukrainians and Jews in revolutionary times, 1917–1920, Cambridge, Mass. 1999.

Kurt Agricola, Das Wunder an der Weichsel. Polens schwerste Stunde, Oldenburg 1937.

Kurt Agricola, Der rote Marschall. Tuchatschewskis Aufstieg und Fall, Berlin 1939.

Isaak Babel, Tagebuch 1920, Berlin 1990.

Isaak Babel, Die Reiterarmee, Berlin 1994.

Klaus Bachmann, Viel Feind, viel Ehr. Geschichtspolitik und Außenpolitik in Polen, in: Osteuropa 68 (2018), H. 3–5, S. 413–434.

Kazimierz Badziak, W oczekiwaniu na przełom. Na drodze od odrodzenia do załamania państwa polskiego: listopad 1918 – czerwiec 1920, Łódź 2004.

Adam Balcer, Fragwürdige Traditionsbestände. Die PiS, die Kresy und der Ethnonationalismus, in: Osteuropa 68 (2018), H. 3–5, S. 495–519.

Boris Barth, Europa nach dem Großen Krieg. Die Krise der Demokratie in der Zwischenkriegszeit 1918–1938, Frankfurt 2016.

Werner Benecke, Die Ostgebiete der Zweiten Polnischen Republik. Staatsmacht und öffentliche Ordnung in einer Minderheitenregion 1918–1939, Köln u. a. 1999.

Jochen Böhler, Enduring Violence. The Post-War Struggles in East-Central Europe 1917–1921, in: Journal of Contemporary History 50 (2015), H. 1, S. 58–77.

Jochen Böhler, Civil War in Central Europe, 1918–1921. The Reconstruction of Poland, Oxford 2018.

Jan Borkowski (Hrsg.), Rok 1920. Wojna polsko – radziecka we wspomnieniach i innych dokumentach, Warszawa 1990.

Włodzimierz Borodziej, Geschichte Polens im 20. Jahrhundert, München 2010.

Włodzimierz Borodziej/Maciej Górny, Der vergessene Weltkrieg. Bd. 2: Nationen, 1917–1923, Darmstadt 2018.

Jerzy Borzęcki, The Soviet-Polish peace of 1921 and the creation of interwar Europe, New Haven 2008.

Jerzy Borzęcki, German Anti-Semitism à la Polonaise. A Report on Poznanian Troops' Abuse of Belarusian Jews in 1919, in: East European Politics and Societies and Cultures 24 (2012), S. 693–707.

Jerzy Borzęcki, Piłsudski's Unorthodox Capture of Wilno in Spring 1919. Risk-Taking, Good Fortune, and Myth-Making, in: The Journal of Slavic Military Studies 28 (2015), S. 133–155.

Jerzy Borzęcki, The Outbreak of the Polish-Soviet War. A Polish Perspective, in: The Journal of Slavic Military Studies 29 (2016), S. 658–680.

Jerzy Borzęcki, Battle of Warsaw, 1920. Was Radio Intelligence the Key to Polish Victory over the Red Army?, in: The Journal of Military History 81 (2017), S. 447–468.

Karsten Brüggemann, Die Gründung der Republik Estland und das Ende des «Einen und unteilbaren Rußland». Die Petrograder Front des Russischen Bürgerkriegs 1918–1920, Wiesbaden 2002.

Semen Michajlovič Budënnyj, Rote Reiter voran, Berlin 1978.

Oleg V. Budnitskii, Russian Jews Between the Reds and the Whites, 1917–1920, Philadelphia 2012.

Adrian Carton de Wiart, Happy odyssey. The memoirs of Lieutenant-General Sir Adrian Carton de Wiart, London 1950.

Marek Jan Chodakiewicz, Intermarium. The Land between the Black and Baltic Seas, New Brunswick 2012.

Benjamin Conrad, Umkämpfte Grenzen, umkämpfte Bevölkerung. Die Entstehung der Staatsgrenzen der Zweiten Polnischen Republik 1918–1923, Stuttgart 2014.

Kristeen Davina Croll, Soviet-Polish relations, 1919–1921, Dissertation Universität Glasgow 2008.

Edgar V. D'Abernon, The Eighteenth Decisive Battle of the World. Warsaw 1920, London 1931.

Ute Daniel u.a. (Hrsg.), 1914–1918-online. International Encyclopedia of the First World War, Berlin 2014.

Norman Davies, White Eagle, Red Star. The Polish-Soviet War, 1919–20, Oxford 1972.

Roman Dmowski, Niemcy, Rosya i kwestja polska, Lwów 1908.

Wolfram Dornik (Hrsg.), Die Ukraine zwischen Selbstbestimmung und Fremdherrschaft 1917–1922, Graz 2011.

Wolfram Dornik, Die Ukrainepolitik des Vereinigten Königreiches von Großbritannien und Irland 1914–1920, in: Wolfram Dornik (Hrsg.), Die Ukraine zwischen Selbstbestimmung und Fremdherrschaft 1917–1922, Graz 2011, S. 413–430.

Józef Dowbor-Muśnicki, Moje wspomnienia, Poznań 1936.

Wiktor Tomir Drymmer, Wspomnienia (Cz. II), in: Zeszyty Historyczne 28 (1974), S. 173–218.

Lech Jan Dymecki/Przemysław Burchard (Hrsg.), Listy z frontu 1920, Warszawa 2004.

David Engel, What is a Pogrom? European Jews in the Age of Violence, in: Jonathan L. Dekel-Chen (Hrsg.), Anti-Jewish violence. Rethinking the pogrom in East European history, Bloomington, Ind. 2011, S. 19–40.

David Engel, Schwarzbard-Prozess, in: Dan Diner (Hrsg.), Enzyklopädie jüdischer Geschichte und Kultur. Bd. 5, Stuttgart 2015, S. 395–400.

Thomas C. Fiddick, Russia's retreat from Poland, 1920. From permanent revolution to peaceful coexistence, Basingstoke, Hampshire 1990.

Orlando Figes, Russland. Die Tragödie eines Volkes. Die Epoche der russischen Revolution 1891 bis 1924, Berlin 2014.

Krzysztof Marek Gaj, Polska broń pancerna w wojnie polsko-rosyjskiej 1919–1920 roku, in: Jeremiasz Ślipiec/Tomasz Kośmider (Hrsg.), Wojna polsko-rosyjska 1919–1920 i jej międzynarodowe odniesienia z perspektywy 90-lecia, Warszawa 2010, S. 276–286.

Robert Gerwarth, The Vanquished. Why the First World War Failed to End, New York 2016.

Robert Gerwarth/John Horne (Hrsg.), War in Peace. Paramilitary Violence in Europe after the Great War, Oxford 2012.

Frank Golczewski, Polnisch-jüdische Beziehungen 1881–1922. Eine Studie zur Geschichte des Antisemitismus in Osteuropa, Wiesbaden 1981.

Maciej Górny, War between Allies. Polish and Ukranian Intellectuals 1914–1923, in: Joachim Bürgschwentner/Matthias Egger/Gunda Barth-Scalmani (Hrsg.), Other Fronts, Other Wars? First World War Studies on the Eve of the Centennial, Leiden 2014, S. 415–434.

Maciej Górny, Post-war Societies (East Central Europe), in: Ute Daniel u. a. (Hrsg.), 1914–1918-online. International Encyclopedia of the First World War, Berlin 2014, DOI: 10.15463/ie1418.11020.

William W. Hagen, Anti-Jewish violence in Poland, 1914–1920, Cambridge 2018.

Paul A. Hanebrink, A specter haunting Europe. The myth of Judeo-Bolshevism, Cambridge 2018.

Heidi Hein, Der Piłsudski-Kult und seine Bedeutung für den polnischen Staat 1926–1939, Marburg 2002.

Christhardt Henschel, Jabłonna als Erinnerungsikone. Juden in den polnischen Streitkräften 1918–1939, in: Jahrbuch des Simon-Dubnow-Instituts 9 (2010), S. 545–571.

Peter Hetherington, Unvanquished. Joseph Pilsudski, resurrected Poland, and the struggle for Eastern Europe, Houston, Texas 2012.

Manfred Hildermeier, Geschichte der Sowjetunion 1917–1991. Entstehung und Niedergang des ersten sozialistischen Staates, München 1998.

Kai von Jena, Polnische Ostpolitik nach dem Ersten Weltkrieg. Das Problem der Beziehungen zu Sowjetrußland nach dem Rigaer Frieden von 1921, Stuttgart 1980.

Ian Johnson, The Fire of Revolution. A Counterfactual Analysis of the Polish-Bolshevik War, 1919–1920, in: The Journal of Slavic Military Studies 28 (2015), S. 156–185.

Karol Jonca (Hrsg.), Wojna polsko-sowiecka 1920 roku w dokumentach niemieckiej dyplomacji, Wrocław 2002.

Andrzej Kapiszewski, Controversial reports on the situation of Jews in Poland in the aftermath of World War I. The conflict between the US ambassador in Warsaw Hugh Gibson and American Jewish leaders, in: Studia Judaica 7 (2004), S. 257–304.

Andreas Kappeler, Geschichte der Ukraine, Bonn 2015.

Zbigniew Karpus, Russian and Ukrainian prisoners of war and internees kept in Poland in 1918–1924, Toruń 2001.

Zbigniew Karpus/Waldemar Rezmer, Powstanie słuckie 1920r. w świetle polskich materiałów wojskowych, in: Białoruskie Zeszyty Historyczne 1 (1996), H. 5, S. 75–81.

Georgiy Kasianov, Die Ukraine zwischen Revolution, Selbständigkeit und Fremdherrschaft, in: Wolfram Dornik (Hrsg.), Die Ukraine zwischen Selbstbestimmung und Fremdherrschaft 1917–1922, Graz 2011, S. 131–179.

Marek Kornat, Die Wiedergeburt Polens als multinationaler Staat in den Konzeptionen von Józef Piłsudski, in: Forum für osteuropäische Ideen- und Zeitgeschichte (2001), H. 1, S. 11–42.

Andreas Kossert, Founding Father of Modern Poland and Nationalistic Antisemite: Roman Dmowski, in: Rebecca Haynes/Martyn Rady (Hrsg.), In the shadow of Hitler. Personalities of the Right in Central and Eastern Europe, London 2014, S. 89–105.

Grzegorz Krzywiec, Polska bez Żydów. Studia z dziejów idei, wyobrażeń i praktyk antysemickich na ziemiach polskich początku XX wieku (1905–1914), Warszawa 2017.

Marian Kukiel, Moja wojaczka na Ukrainie, wiosna 1920. Dziennik oficera Sztabu Generalnego, Warszawa 1995.

Tadeusz Kutrzeba, Wyprawa kijowska, Warszawa 1937.

Stephan Lehnstaedt, Imperiale Polenpolitik in den Weltkriegen. Eine vergleichende Studie zu den Mittelmächten und zu NS-Deutschland, Osnabrück 2017.

Hannes Leidinger, Die Ukrainepolitik Frankreichs 1917–1924, in: Wolfram Dornik (Hrsg.), Die Ukraine zwischen Selbstbestimmung und Fremdherrschaft 1917–1922, Graz 2011, S. 391–412.

Vladimir I. Lenin, Werke, Bd. 32: Dezember 1920–August 1921, Berlin 1988.

Łukasz Lewicki, Przestępczość w Wojsku Polskim podczas wojny polsko-bolszewickiej (2015). http://www.konflikty.pl/historia/1918-1939/przestepczosc-w-wojsku-polskim-podczas-wojny-polsko-bolszewickiej/.

Piotr Łossowski, Konflikt polsko-litewski 1918–1920, Warszawa 1996.
Margaret MacMillan, Die Friedensmacher. Wie der Versailler Vertrag die Welt veränderte, Bonn 2015.
Rudolf A. Mark, Symon Petljura und die UNR, Wiesbaden 1988.
Isak Mazepa, Ukraïna v ohni j buri revoljucii. Bd. 3: Pol's'ko-ukraïns'ka sojuz kinec' zbrojnych zmagan U. N. R., München 1951.
Catherine Merridale, Lenins Zug. Die Reise in die Revolution, Frankfurt am Main 2017.
Alexei Miller, The Role of the First World War in the Competition between Ukrainian and All-Russian Nationalism, in: Eric Lohr u. a. (Hrsg.), The empire and nationalism at war, Bloomington 2014, S. 73–90.
Caroline Milow, Die ukrainische Frage 1917–1923 im Spannungsfeld der europäischen Diplomatie, Wiesbaden 2002.
Simon Sebag Montefiore, Stalin. Am Hof des roten Zaren, Frankfurt am Main 2005.
Małgorzata Morawiec, Antiliberale Europäisierung? Autoritäre Europakonzeptionen im Polen der Zwischenkriegszeit, in: Zeithistorische Forschungen/Studies in Contemporary History 9 (2012), S. 409–427.
Henry Morgenthau Sr., Fixes Blame for Polish Pogroms, in: New York Times vom 19.1.1920, S. 6.
Bogdan Musial, Die Ukrainepolitik des bolschewikischen Russlands, 1917–22, in: Wolfram Dornik (Hrsg.), Die Ukraine zwischen Selbstbestimmung und Fremdherrschaft 1917–1922, Graz 2011, S. 367–389.
Bogdan Musial, Die Ukrainepolitik Polens von 1918–1922, in: Wolfram Dornik (Hrsg.), Die Ukraine zwischen Selbstbestimmung und Fremdherrschaft 1917–1922, Graz 2011, S. 449–463.
Zdzisław M. Musialik, Wojna polsko-bolszewicka 1919–1920 a Żydzi, Częstochowa 1995.
Andrzej Nowak, Polska i trzy Rosje. Studium polityki wschodniej Józefa Piłsudskiego (do kwietnia 1920 roku), Kraków 2002.
Andrzej Nowak, Historia politycznych tradycji. Piłsudski, Putin i inni, Kraków 2007.
Andrzej Nowak, Pierwsza zdrada Zachodu. 1920 – zapomniany appeasement, Kraków 2015.
Andrzej Nowak/Michał Klag, Ojczyzna ocalona. Wojna sowiecko-polska 1919–1920, Kraków 2010.
Grzegorz Nowik, Zanim złamano Enigmę. Polski radiowywiad podczas wojny z bolszewicką Rosją 1918–1920, Warszawa 2004.
Piotr Okulewicz, Koncepcja «międzymorza» w myśli i praktyce politycznej obozu Józefa Piłsudskiego w latach 1918–1926, Poznań 2001.
Florian Peters, Revolution der Erinnerung. Der Zweite Weltkrieg in der Geschichtskultur des spätsozialistischen Polen, Berlin 2016.
Josef Piłsudski, Erinnerungen und Dokumente, Bd. II: Das Jahr 1920. Mit

der Abhandlung des bolschewistischen Generalissimus M. Tuchatschewsky: Der Vormarsch über die Weichsel, Essen 1935.
Josef Piłsudski, Erinnerungen und Dokumente, Bd. IV: Reden und Armeebefehle, Essen 1936.
Jan Pisuliński, Nie tylko Petljura. Kwestia ukraińska w polskiej polityce zagranicznej w latach 1918–1923, Wrocław 2004.
Antony Polonsky, The Jews in Poland and Russia. Bd. III: 1914 to 2008, Oxford 2012.
Robert Potocki, Idea restytucji Ukraińskiej Republiki Ludowej (1920–1939), Lublin 1999.
Alexander Victor Prusin, Nationalizing a Borderland. War, Ethnicity, and Anti-Jewish Violence in East Galicia, 1914–1920, Tuscaloosa 2005.
Alexander Victor Prusin, The «Stimulu Qualities» of a Scapegoat. The Etiology of Anti-Jewish Violence in Eastern Poland, 1918–1920, in: Jahrbuch des Simon-Dubnow-Instituts 4 (2005), S. 237–256.
Alexander Victor Prusin, The lands between. Conflict in the East European borderlands, 1870–1992, Oxford 2010.
Eva Reder, Praktiken der Gewalt. Die Rolle des polnischen Militärs bei Pogromen während des Polnisch-Sowjetischen Krieges 1919–1920, in: Czasy Nowożytne 27 (2014), S. 157–184.
Vivian Hux Reed u. a. (Hrsg.), An American in Warsaw. Selected writings of Hugh S. Gibson, US Minister to Poland 1919–1924, Rochester 2018.
Klaus Richter, Baltic States and Finland, in: Ute Daniel u. a. (Hrsg.), 1914–1918-online. International Encyclopedia of the First World War, Berlin 2014, DOI: 10.15463/ie1418.10002.
Jan Romer, Pamiętniki, Lwów 1938.
Aviel Roshwald, Ethnic nationalism and the fall of empires. Central Europe, Russia, and the Middle East, 1914–1923, London 2001.
Stanisław Rostworowski, Listy z wojny polsko-bolszewickiej 1918–1920, Warszawa 1995.
Felix Schnell, Räume des Schreckens. Gewalträume und Gruppenmilitanz in der Ukraine, 1905–1933, Hamburg 2012.
Robert Service, Lenin. Eine «Biographie», München 2002.
Robert Service, Stalin. A Biography, London 2005.
Robert Service, Trotsky. A Biography, London 2009.
Robert Service, Spies and Commissars. Bolshevik Russia and the West, London 2011.
Władysław Sikorski, Nad Wisłą i Wkrą. Studjum z polsko-rosyjskiej wojny 1920 roku, Lwów 1928.
Aleksander Smoliński, Pociąg: pancerne 1. armii konnej podczas walk na polskim teatrze działań wojennych w 1920 roku, in: Jeremiasz Ślipiec/Tomasz Kośmider (Hrsg.), Wojna polsko-rosyjska 1919–1920i jej międzynarodowe odniesienia z perspektywy 90-lecia, Warszawa 2010, S. 195–218.

Timothy Snyder, Reconstruction of Nations. Poland, Ukraine, Lithuania, Belarus, 1569–1999, New Haven 2008.

Barbara Stoczewska, Litwa, Białoruś, Ukraina w myśli politycznej Leona Wasilewskiego, Kraków 2009.

Sally W. Stoecker, Forging Stalin's army. Marshal Tukhachevsky and the politics of military innovation, Boulder, Colo. 1998.

Paweł Styrna, Defense of Western Civilization or «Polish Imperialism»? Opinions on the Kiev Expedition in the American, British, Belgian, Polish, and Soviet Press. A Sample from April–May 1920, in: The Polish Review 58 (2013), H. 4, S. 3–27.

Dorota Sula, Sytuacja ludności na Kresach Wschodnich w czasie wojny polsko-bolszewickiej, in: Marek Białokur/Joanna Raźniewska/Krystyna Stecka (Hrsg.), Dwie rocznice. Obraz wojny polsko-bolszewickiej i zbrodni katyńskiej w historiografii i edukacji historycznej, Toruń 2010, S. 23–37.

Włodzimierz Suleja, Piłsudski a Petljura, in: Zbigniew Karpus/Waldemar Rezmer/Emilian Wiszka (Hrsg.), Polska i Ukraina. Sojusz 1920 roku i jego następstwa, Toruń 1997, S. 113–129.

Kazimierz Świtalski (Hrsg.), Józef Piłsudski. Pisma zbiorowe. Band 5, Warszawa 1937.

Janusz Szczepański, Społeczeństwo Polski w walce z najazdem bolszewickim 1920 roku, Warszawa, Pułtusk 2006.

Janusz Szczepański, Kontrowersje wokół Bitwy Warszawskiej 1920 roku, in: Mówią Wieki (2008), H. 8, S. 30–38.

Stanisław Szeptycki, Front Litewsko-Białoruski. 10 marca 1919–30 lipca 1920, Kraków 1925.

Piotr Szlanta, Bolszewicy, politycznie użyteczni, in: Polityka (2016), H. 33, S. 58–60.

Jerzy Tomaszewski, Pinsk. Saturday 5 April 1919, in: Polin. Studies in Polish Jewry 1 (1986), S. 227–251.

Leo Trotzki, Mein Leben. Versuch einer Autobiographie, Frankfurt 1961.

Gerhard Wagner, Deutschland und der polnisch-sowjetische Krieg 1920, Wiesbaden 1979.

Piotr Wandycz, Nieznane listy Petlury do Piłsudskiego, in: Zeszyty Historyczne 8 (1965), S. 181–186.

Piotr Wandycz, Soviet-Polish Relations, 1917–1921, Cambridge, Mass. 1969.

Leon Wasilewski, Józef Piłsudski jakim go znałem, Warszawa 1935.

Michał Wąsowicz, Obrona Grodna (19 czerwca 1920 roku), in: Przegląd kawalerii i broni pancernej (1970), H. 59, S. 181–187.

Torsten Wehrhahn, Die Westukrainische Volksrepublik. Zu den polnisch-ukrainischen Beziehungen und dem Problem der ukrainischen Staatlichkeit in den Jahren 1918 bis 1923, Berlin 2004.

Piotr Wróbel, The Kaddish Years. Anti-Jewish Violence in East Central

Europe, 1918–1921, in: Jahrbuch des Simon-Dubnow-Instituts 4 (2005), S. 211–236.

Piotr Wróbel, The Revival of Poland and Paramilitary Violence, 1918–1920, in: Rüdiger Bergien/Ralf Pröve (Hrsg.), Spießer, Patrioten, Revolutionäre. Militärische Mobilisierung und gesellschaftliche Ordnung in der Neuzeit, Göttingen 2010, S. 281–303.

Piotr Wróbel, Foreshadowing the Holocaust. The Wars of 1914–1921 and Anti-Jewish Violence in Central and Eastern Europe, in: Jochen Böhler/Włodzimierz Borodziej/Joachim von Puttkamer (Hrsg.), Legacies of Violence. Eastern Europe's First World War, München 2014, S. 169–208.

Lech Wyszczelski, Wojsko Polskie w latach 1918–1921, Warszawa 2006.

Lech Wyszczelski, Wojna polsko-rosyjska 1919–1920. 2 Bde., Warszawa 2010.

Lech Wyszczelski, Wojna o Kresy Wschodnie 1918–1921, Warszawa 2011.

Lech Wyszczelski, Jeńcy wojny polsko-rosyjskiej. 1919–1920, Warszawa 2014.

Serhy Yekelchyk, Bands of Nation Builders? Insurgency and Ideology in the Ukrainian Civil War, in: Robert Gerwarth/John Horne (Hrsg.), War in Peace. Paramilitary Violence in Europe after the Great War, Oxford 2012, S. 107–125.

Stefan Zabrowarny, Symon Petljura – niezłomny orędownik niepodległości Ukrainy, in: Zbigniew Karpus/Waldemar Rezmer/Emilian Wiszka (Hrsg.), Polska i Ukraina. Sojusz 1920 roku i jego następstwa, Toruń 1997, S. 131–150.

Adam Zamoyski, The battle for the Marchlands, New York 1981.

Adam Zamoyski, Paderewski, London 1982.

Adam Zamoyski, Warsaw 1920. Lenin's Failed Conquest of Europe, London 2008.

Thomas W. Zeiler, Poland in the American Mass Media, October 1938–October 1939, in: Marek Piotr Deszczyński/Tymoteusz Pawłowski (Hrsg.), Kampania polska 1939 r. Polityka – społeczeństwo – kultura. Bd. 2, Warszawa 2014, S. 465–475.

Lucjan Żeligowski, Wojna w roku 1920. Wspomnienia i rozważania, Warszawa 1930.

Rafał Ziemkiewicz, Złowrogi cień marszałka, Lublin 2017.

Stephanie Zloch, Nationsbildung und Feinderklärung. ‹Jüdischer Bolschewismus› und der polnisch-sowjetische Krieg 1919/1920, in: Jahrbuch des Simon-Dubnow-Instituts 4 (2005), S. 279–302.

Piotr Zychowicz, Pakt Piłsudski-Lenin. Czyli jak Polacy uratowali bolszewizm i zmarnowali szansę na budowę imperium, Poznań 2015.

Bildnachweis

S. 33	akg-images, Berlin
S. 44	Polnisches Staatsarchiv, Warschau
S. 71	The New York Public Library
S. 77	Polnisches Staatsarchiv, Warschau
S. 93	akg-images, Berlin
S. 103	wikipedia
S. 118	Polnisches Staatsarchiv, Warschau
S. 123	Polnisches Staatsarchiv, Warschau
S. 153	Polnisches Staatsarchiv, Warschau
S. 168	ullstein-bild, Berlin
S. 173	getty images

Personenregister

Geographisches Register (ohne Staaten)

Karten

Frontverlauf Mai 1920

Frontverlauf Mitte August 1920

Osteuropa im 20. Jahrhundert bei C.H.Beck

Stephan Lehnstaedt
Der Kern des Holocaust
Belzec, Sobibór, Treblinka und die Aktion Reinhardt
2. Auflage. 2021. 207 Seiten mit 10 Abbildungen. Broschiert
Beck Paperback Band 6271

Martin Aust
Die Russische Revolution
Vom Zarenreich zum Sowjetimperium
2. Auflage. 2019. 279 Seiten mit 10 Abbildungen
und 2 Karten. Broschiert
Beck Paperback Band 6264

Martin Aust
Die Schatten des Imperiums
Russland seit 1991
2019. 190 Seiten mit 4 Karten. Klappenbroschur
Beck Paperback Band 6335

Andreas Kappeler
Ungleiche Brüder
Russen und Ukrainer vom Mittelalter bis zur Gegenwart
5. Auflage. 2022. 267 Seiten mit 10 Abbildungen
und 4 Karten. Broschiert
Beck Paperback Band 6284

Claudia Weber
Der Pakt
Stalin, Hitler und die Geschichte einer mörderischen Allianz
1939–1941
2. Auflage. 2019. 276 Seiten mit 21 Abbildungen. Gebunden